L'ORDRE DU JOUR

DU MÊME AUTEUR

LE CHASSEUR, Michalon, 1999.
BOIS VERT, Léo Scheer, 2002.
TOHU, Léo Scheer, 2005.
CONQUISTADORS, Léo Scheer, 2009 ; Babel n° 1330.
LA BATAILLE D'OCCIDENT, Actes Sud, 2012 ; Babel n° 1235.
CONGO, Actes Sud, 2012 ; Babel n° 1262.
TRISTESSE DE LA TERRE, Actes Sud, 2014 ; Babel n° 1402.
14 JUILLET, Actes Sud, 2016 ; Babel n° 1559.
L'ORDRE DU JOUR, Actes Sud, 2017 ; Babel n° 1763.
LA GUERRE DES PAUVRES, Actes Sud, 2019.

© ACTES SUD, 2017
ISBN 978-2-330-15304-5

ÉRIC VUILLARD

L'ORDRE
DU JOUR

récit

BABEL

à Laurent Évrard

UNE RÉUNION SECRÈTE

L E SOLEIL est un astre froid. Son cœur, des épines de glace. Sa lumière, sans pardon. En février, les arbres sont morts, la rivière pétrifiée, comme si la source ne vomissait plus d'eau et que la mer ne pouvait en avaler davantage. Le temps se fige. Le matin, pas un bruit, pas un chant d'oiseau, rien. Puis, une automobile, une autre, et soudain des pas, des silhouettes qu'on ne peut pas voir. Le régisseur a frappé trois coups mais le rideau ne s'est pas levé.

Nous sommes un lundi, la ville remue derrière son écran de brouillard. Les gens se rendent au travail comme les autres jours, ils prennent le tram, l'autobus, se faufilent vers l'impériale, puis rêvassent dans le grand froid. Mais le 20 février de cette année-là ne fut pas une date comme les autres. Pourtant, la plupart passèrent leur matinée à bûcher, plongés dans ce grand mensonge décent du travail, avec ces petits gestes où se concentre une vérité muette, convenable, et où toute l'épopée de notre existence se résume en une pantomime diligente. La journée s'écoula ainsi, paisible, normale. Et pendant que chacun faisait la navette entre la maison et l'usine, entre le marché et la petite cour où l'on pend le linge, puis, le soir, entre le bureau et le troquet, et enfin rentrait chez soi, bien loin du travail décent, bien loin de la vie familière, au bord de la Spree, des messieurs sortaient de voiture devant un palais. On leur ouvrit obséquieusement la portière, ils descendirent de leurs grosses berlines noires et défilèrent l'un après l'autre sous les lourdes colonnes de grès.

Ils étaient vingt-quatre, près des arbres morts de la rive, vingt-quatre pardessus noirs, marron ou cognac, vingt-quatre paires d'épaules rembourrées de laine, vingt-quatre costumes trois pièces, et le même nombre de pantalons à pinces avec un large ourlet. Les ombres pénétrèrent le grand vestibule du palais du président de l'Assemblée ; mais bientôt, il n'y aura plus d'Assemblée, il n'y aura plus de président, et, dans quelques années, il n'y aura même plus de Parlement, seulement un amas de décombres fumants.

Pour le moment, on dévisse vingt-quatre chapeaux de feutre et l'on découvre vingt-quatre crânes chauves ou des couronnes de cheveux blancs. On se serre dignement la main avant de monter sur scène. Les vénérables patriciens sont là, dans le grand vestibule ; ils échangent des propos badins, respectables ; on croirait assister aux prémices un peu guindées d'une garden-party.

Les vingt-quatre silhouettes franchirent consciencieusement une première volée de marches, puis avalèrent un à un les degrés de l'escadrin, en s'arrêtant parfois pour ne pas surmener leur vieux cœur, et, la main cramponnée à la tringle de cuivre, ils grimpèrent, les yeux mi-clos, sans admirer ni l'élégant balustre ni les voûtes, comme sur un tas d'invisibles feuilles mortes. On les guida, par la petite entrée, vers la droite, et là, après quelques pas sur le sol en damier, ils escaladèrent la trentaine de marches qui mènent au deuxième étage. J'ignore qui était le premier de cordée, et peu importe au fond, puisque les vingt-quatre durent faire exactement la même chose, suivre le même chemin, tourner à droite, autour de la cage d'escalier, et enfin, sur leur gauche, les portes battantes étant grandes ouvertes, ils étaient entrés dans le salon.

La littérature permet tout, dit-on. Je pourrais donc les faire tourner à l'infini dans l'escalier de Penrose, jamais ils ne pourraient plus descendre ni monter, ils feraient toujours en même temps l'un et l'autre. Et en réalité, c'est un peu l'effet que nous font les livres. Le temps des mots, compact ou liquide, impénétrable ou touffu, dense, étiré, granuleux, pétrifie les mouvements, méduse. Nos personnages sont dans le palais pour toujours, comme dans un château ensorcelé. Les voici foudroyés dès l'entrée, lapidifiés, transis. Les portes sont en même temps ouvertes et fermées, les impostes usées, arrachées, détruites ou repeintes. La cage d'escalier brille, mais elle est vide, le lustre scintille, mais il est mort. Nous sommes à la fois partout dans le temps. Ainsi, Albert Vögler monta les marches jusqu'au premier palier, et là, il porta la main à son faux col, transpirant, dégoulinant même, éprouvant un léger vertige. Sous le gros lampion doré qui éclaire les volées de marches, il rajuste son gilet, défait un bouton, échancre son faux col.

Peut-être que Gustav Krupp fit une halte sur le palier, lui aussi, et lança un mot de compassion à Albert, un petit apophtegme sur la vieillesse, enfin bref, fit montre de solidarité. Puis Gustav reprit sa route et Albert Vögler resta là quelques instants, seul sous le lustre, grand végétal plaqué or avec, au milieu, une énorme boule de lumière.

Enfin, ils pénétrèrent dans le petit salon. Wolf-Dietrich, secrétaire particulier de Carl von Siemens, lambina un moment près de la porte-fenêtre, laissant traînailler son regard sur la mince couche de givre recouvrant le balcon. Il échappe un instant à la basse cuisine du monde, entre les balles de coton, flânochant. Et tandis que les autres parlotent et grillent un Montecristo, piapiatant sur le crème ou le taupe de sa cape, préférant qui la saveur moelleuse, qui un goût épicé, tous adeptes des diamètres énormes, os à gigot, esquichant distraitement les bagues dorées à l'or fin, lui, Wolf-Dietrich, rêvasse devant la fenêtre, ondoie entre les branches nues et flotte sur la Spree.

À quelques pas, admirant les délicates figurines de plâtre qui ornent le plafond, Wilhelm von Opel relève et rabaisse ses grosses lunettes rondes. Encore un dont la famille s'est élancée vers nous depuis le fond des âges, depuis le petit propriétaire terrien de la paroisse de Braubach, de promotions en amoncellements de robes et de faisceaux, de closeries et de charges, magistrats d'abord, puis bourgmestres, jusqu'à l'instant où Adam – sorti des entrailles indéchiffrables de sa mère, puis ayant assimilé toutes les astuces de la serrurerie – avait conçu une merveilleuse machine à coudre qui fut le commencement véritable de leur rayonnement. Pourtant, il n'inventa rien. Il se fit embaucher chez un fabricant, observa, fit le gros dos, puis il améliora un peu les modèles. Il épousa Sophie Scheller, qui lui apporta une dot substantielle, et donna le nom de sa femme à sa première machine. La production ne fit alors qu'augmenter. Il suffit de quelques années pour que la machine à coudre atteigne à son usage, pour qu'elle rejoigne la courbe du temps et s'intègre aux mœurs des hommes. Ses véritables inventeurs étaient venus trop tôt. Une fois assuré le succès de ses machines à coudre, Adam Opel s'était lancé dans le vélocipède. Mais une nuit, une voix étrange se glissa par l'entrebâillement de la porte ; son propre cœur lui parut froid, si froid. Ce n'étaient pas les inventeurs de la machine à coudre qui quémandaient des royalties, ce n'étaient pas ses ouvriers qui revendiquaient leur part des bénéfices, c'était Dieu qui réclamait son âme ; il fallut bien la rendre.

Mais les entreprises ne meurent pas comme les hommes. Ce sont des corps mystiques qui ne périssent jamais. La marque Opel continua de vendre des bicyclettes, puis des automobiles. La firme comptait déjà mille cinq cents employés à la mort de son fondateur. Elle ne fit que croître. Une entreprise est une personne dont tout le sang remonte à la tête. On appelle cela une personne morale. Leur vie dure bien au-delà des nôtres. Ainsi, ce 20 février où Wilhelm médite dans le petit salon du palais du président du Reichstag, la compagnie Opel est déjà une vieille dame. Aujourd'hui, elle n'est plus qu'un empire dans un autre empire, et elle n'a plus qu'un très lointain rapport avec les machines à coudre du vieil Adam. Et si la compagnie Opel est une vieille dame très riche, elle est toutefois si vieille qu'on ne la remarque presque plus, elle fait désormais partie du paysage. C'est qu'à présent la compagnie Opel est bien plus vieille que de nombreux États, plus vieille que le Liban, plus vieille que l'Allemagne même, plus vieille que la plupart des États d'Afrique, plus vieille que le Bhoutan, où les dieux sont pourtant allés se perdre dans les nuages.

LES MASQUES

Nous pourrions ainsi nous approcher tour à tour de chacun des vingt-quatre messieurs qui entrent dans le palais, frôler l'évasement de leur col, le nœud coulant de leur cravate, nous perdre un instant dans le grignotement de leurs moustaches, rêvasser entre les rayures tigre de leur veston, plonger dans leurs yeux tristes, et là, tout au fond de la fleur d'arnica jaune et piquante, nous trouverions la même petite porte ; on tirerait sur le cordon de la sonnette, et l'on remonterait de nouveau dans le temps où nous aurions droit à une même succession de manœuvres, de beaux mariages, d'opérations douteuses – le récit monotone de leurs exploits.

Ce 20 février, Wilhelm *von* Opel, le fils d'Adam, a définitivement brossé le cambouis incrusté sous ses ongles, il a rangé son vélocipède, oublié sa machine à coudre et porte une particule où se résume toute la saga de sa famille. Du haut de ses soixante-deux ans, il toussote en regardant sa montre. Lèvres pincées, il jette un œil à la ronde. Hjalmar Schacht a bien travaillé – il sera bientôt nommé directeur de la Reichsbank et ministre de l'Économie. Autour de la table sont réunis Gustav Krupp, Albert Vögler, Günther Quandt, Friedrich Flick, Ernst Tengelmann, Fritz Springorum, August Rosterg, Ernst Brandi, Karl Büren, Günther Heubel, Georg von Schnitzler, Hugo Stinnes Jr, Eduard Schulte, Ludwig von Winterfeld, Wolf-Dietrich von Witzleben, Wolfgang Reuter, August Diehn, Erich Fickler, Hans von Loewenstein zu Loewenstein, Ludwig Grauert, Kurt Schmitt, August von Finck et le Dr Stein. Nous sommes au nirvana de l'industrie et de la finance. Ils sont à présent silencieux, bien sages, un peu cuits d'attendre depuis bientôt vingt minutes ; la fumée de leurs barreaux de chaise leur picore les yeux.

Dans une sorte de recueillement, quelques ombres s'arrêtent devant un miroir et remmaillent leur nœud de cravate ; on prend ses aises au petit salon. Quelque part, dans l'un de ses quatre livres sur l'architecture, Palladio définit assez vaguement le salon comme une pièce de réception, scène où se jouent les vaudevilles de notre existence ; et dans la célèbre villa Godi Malinverni, depuis la salle de l'Olympe, où les dieux nus s'ébattent parmi des semblants de ruines, et la salle de Vénus, où un enfant et un page s'échappent par une fausse porte peinte, on arrive au salon central, où l'on trouve en cartouche, au-dessus de l'entrée, la fin d'une prière : "Et délivre-nous du mal." Mais au palais du président de l'Assemblée, où avait lieu notre petite réception, on aurait cherché en vain une telle inscription ; ce n'était pas à l'ordre du jour.

Quelques minutes s'écoulèrent lentement sous le haut plafond. On échangea des sourires. On ouvrit des serviettes de cuir. Schacht relevait de temps à autre ses fines lunettes et se frottait le nez, la langue au bord des lèvres. Les invités se tenaient sagement assis, pointant vers la porte leurs petits yeux d'écrevisse. On chuchotait entre deux éternuements. Un mouchoir était déplié, les narines trompetaient dans le silence, puis on se rajustait, attendant patiemment que la réunion commence. Et on s'y connaissait en réunion, tous cumulaient conseils d'administration ou de surveillance, tous étaient membres de quelque association patronale. Sans compter les sinistres réunions de famille de ce patriarcat austère et ennuyeux.

Au premier rang, Gustav Krupp balaye de son gant son visage rubicond, il graillonne religieusement dans son tire-jus, il a un rhume. Avec l'âge, ses lèvres fines commencent à dessiner un vilain croissant de lune à l'envers. Il a l'air triste et inquiet ; il tourne machinalement entre ses doigts un bel anneau d'or, à travers le brouillard de ses espoirs et de ses calculs – et il se peut que, pour lui, ces mots aient une seule signification, comme s'ils avaient été lentement aimantés l'un vers l'autre.

Soudain, les portes grincent, les planchers crissent ; on cause dans l'antichambre. Les vingt-quatre lézards se lèvent sur leurs pattes arrière et se tiennent bien droit. Hjalmar Schacht ravale sa salive, Gustav réajuste son monocle. Derrière les battants de porte, on entend des voix étouffées, puis un sifflement. Et enfin, le président du Reichstag pénètre en souriant dans la pièce ; c'est Hermann Goering. Et cela, bien loin de créer chez nous la surprise, n'est au fond qu'un événement assez banal, la routine. Dans la vie des affaires, les luttes partisanes sont peu de chose. Politiques et industriels ont l'habitude de se fréquenter.

Goering fit donc son tour de table, avec un mot pour chacun, saisissant chaque main d'une pogne débonnaire. Mais le président du Reichstag n'est pas seulement venu les accueillir, il rognonne quelques mots de bienvenue et évoque aussitôt les élections à venir, celles du 5 mars. Les vingt-quatre sphinx l'écoutent attentivement. La campagne électorale qui s'annonce est déterminante, déclare le président du Reichstag, il faut en finir avec l'instabilité du régime ; l'activité économique demande du calme et de la fermeté. Les vingt-quatre messieurs hochent religieusement la tête. Les bougies électriques du lustre clignotent, le grand soleil peint au plafond brille davantage que tout à l'heure. Et si le parti nazi obtient la majorité, ajoute Goering, ces élections seront les dernières pour les dix prochaines années ; et même – ajoute-t-il dans un rire – pour cent ans.

Un mouvement d'approbation parcourut la travée. Au même moment, il y eut quelques bruits de portes, et le nouveau chancelier entra enfin dans le salon. Ceux qui ne l'avaient jamais rencontré étaient curieux de le voir. Hitler était souriant, décontracté, pas du tout comme on l'imaginait, affable, oui, aimable même, bien plus aimable qu'on ne l'aurait cru. Il eut pour chacun un mot de remerciement, une poignée de main tonique. Une fois les présentations faites, chacun reprit place dans son confortable fauteuil. Krupp se trouvait au premier rang, picorant d'un doigt nerveux sa minuscule moustache ; juste derrière lui, deux dirigeants de l'IG Farben, mais aussi von Finck, Quandt et quelques autres croisèrent doctement les jambes. Il y eut une toux caverneuse, un capuchon de stylo fit un minuscule cliquetis. Silence.

Ils écoutèrent. Le fond du propos se résumait à ceci : il fallait en finir avec un régime faible, éloigner la menace communiste, supprimer les syndicats et permettre à chaque patron d'être un Führer dans son entreprise. Le discours dura une demi-heure. Lorsqu'Hitler eut terminé, Gustav se leva, fit un pas en avant et, au nom de tous les invités présents, il le remercia d'avoir enfin clarifié la situation politique. Le chancelier fit un rapide tour de piste avant de repartir. On le congratula, on se montra courtois. Les vieux industriels paraissaient soulagés. Une fois qu'il se fut retiré, Goering prit la parole, reformulant énergiquement quelques idées, puis il évoqua de nouveau les élections du 5 mars. C'était là une occasion unique de sortir de l'impasse où l'on se trouvait. Mais pour faire campagne, il fallait de l'argent ; or le parti nazi n'avait plus un sou vaillant et la campagne électorale approchait. À cet instant, Hjalmar Schacht se leva, sourit à l'assemblée, et lança : "Et maintenant messieurs, à la caisse !"

Cette invite, certes un peu cavalière, n'avait rien de bien nouveau pour ces hommes ; ils étaient coutumiers des pots-de-vin et des dessous-de-table. La corruption est un poste incompressible du budget des grandes entreprises, cela porte plusieurs noms, lobbying, étrennes, financement des partis. La majorité des invités versa donc aussitôt quelques centaines de milliers de marks, Gustav Krupp fit don d'un million, Georg von Schnitzler de quatre cent mille, et l'on récolta ainsi une somme rondelette. Cette réunion du 20 février 1933, dans laquelle on pourrait voir un moment unique de l'histoire patronale, une compromission inouïe avec les nazis, n'est rien d'autre pour les Krupp, les Opel, les Siemens qu'un épisode assez ordinaire de la vie des affaires, une banale levée de fonds. Tous survivront au régime et financeront à l'avenir bien des partis à proportion de leur performance.

Mais pour mieux comprendre ce qu'est la réunion du 20 février, pour en saisir le fond d'éternité, il faut désormais appeler ces hommes par leur nom. Ce ne sont plus Günther Quandt, Wilhelm von Opel, Gustav Krupp, August von Finck, qui sont là, cette fin d'après-midi, le 20 février 1933, dans le palais du président du Reichstag ; ce sont d'autres noms qu'il faut dire. Car Günther Quandt est un cryptonyme, il dissimule tout autre chose que le gros bonhomme en train de se poisser les moustaches et qui se tient gentiment à sa place, autour de la table d'honneur. Derrière lui, juste derrière lui, se trouve une silhouette autrement imposante, ombre tutélaire, aussi froide et impénétrable qu'une statue de pierre. Oui, surplombant de toute sa puissance, féroce, anonyme, la figure de Quandt, et lui donnant cette rigidité de masque, mais d'un masque qui collerait au visage mieux que sa propre peau, on devine au-dessus de lui : Accumulatoren-Fabrik AG, la future Varta, que nous connaissons, puisque les personnes morales ont leurs avatars, comme les divinités anciennes prenaient diverses formes et, au fil du temps, s'agrégeaient d'autres dieux.

Tel est donc le nom authentique des Quandt, leur nom de démiurge, puisque lui, Günther, n'est qu'un tout petit tas de chair et d'os, comme vous et moi, et qu'après lui ses fils et les fils de ses fils s'assiéront sur le trône. Mais le trône, lui, demeure, quand le petit tas de chair et d'os s'aigrit dans la terre. Ainsi, les vingt-quatre ne s'appellent ni Schnitzler, ni Witzleben, ni Schmitt, ni Finck, ni Rosterg, ni Heubel, comme l'état civil nous incite à le croire. Ils s'appellent BASF, Bayer, Agfa, Opel, IG Farben, Siemens, Allianz, Telefunken. Sous ces noms, nous les connaissons. Nous les connaissons même très bien. Ils sont là, parmi nous, entre nous. Ils sont nos voitures, nos machines à laver, nos produits d'entretien, nos radios-réveils, l'assurance de notre maison, la pile de notre montre. Ils sont là, partout, sous forme de choses. Notre quotidien est le leur. Ils nous soignent, nous vêtent, nous éclairent, nous transportent sur les routes du monde, nous bercent. Et les vingt-quatre bonshommes présents au palais du président du Reichstag, ce 20 février, ne sont rien d'autre que leurs mandataires, le clergé de la grande industrie ; ce sont les prêtres de Ptah. Et ils se tiennent là impassibles, comme vingt-quatre machines à calculer aux portes de l'Enfer.

UNE VISITE DE COURTOISIE

UN PENCHANT obscur nous a livrés à l'ennemi, passifs et remplis de crainte. Depuis, nos livres d'Histoire ressassent l'événement effrayant, où la fulgurance et la raison auraient été d'accord. Ainsi, une fois que le haut clergé de l'industrie et de la banque eut été converti, puis les opposants réduits au silence, les seuls adversaires sérieux du régime furent les puissances étrangères. Le ton monta à mesure avec la France et l'Angleterre, en un mélange de coups de force et de bonnes paroles. Et c'est ainsi qu'en novembre 1937, entre deux mouvements d'humeur, après quelques protestations de pure forme à propos de l'annexion de la Sarre, de la remilitarisation de la Rhénanie ou du bombardement de Guernica par la légion Condor, Halifax, lord président du Conseil, se rendit en Allemagne, à titre personnel, à l'invitation d'Hermann Goering, ministre de l'Air, commandant en chef de la Luftwaffe, ministre du Reich à la forêt et à la chasse, président du défunt Reichstag – le créateur de la Gestapo. Voilà qui fait beaucoup, et pourtant Halifax ne tique pas, il ne lui semble pas bizarre, ce type lyrique et truculent, antisémite notoire, bardé de décorations. Et on ne peut pas dire qu'Halifax a été entourloupé par quelqu'un qui cachait son jeu, qu'il n'a pas remarqué les tenues de dandy, les titres à n'en plus finir, la rhétorique délirante, ténébreuse, la silhouette entripaillée ; non. À cette époque, on était très loin de la réunion du 20 février, les nazis avaient abandonné toute retenue. Et puis, ils ont chassé ensemble, ri ensemble, dîné ensemble ; et Hermann Goering, qui n'était pas avare en démonstrations de tendresse et de sympathie, lui qui avait dû rêver d'être acteur et qui l'était à sa manière devenu, a dû lui taper sur l'épaule, le charrier même un peu, le vieil Halifax, et lui jeter au visage quelque boniment à double sens, de ceux qui laissent leur destinataire pantois, un peu gêné, comme par une allusion sexuelle.

Le grand veneur l'aurait-il enveloppé dans son écharpe de brume et de poussière ?

Pourtant, Lord Halifax, tout comme les vingt-quatre grands prêtres de l'industrie allemande, devait en savoir un bout sur Goering, il devait un peu connaître son histoire, sa vie de putschiste, son goût pour les uniformes de fantaisie, sa morphino-manie, son internement en Suède, le diagnostic accablant de violences, de désordre mental, de dépression, ses penchants suicidaires. Il ne pouvait pas s'en tenir au héros du baptême de l'air, au pilote de la Première Guerre, au marchand de para-chutes, au vieux soldat. Ce n'était pas un naïf ou un amateur, Halifax, et il devait être trop bien renseigné pour ne pas trouver un peu curieuse cette promenade, au cours de laquelle on les aperçoit tous deux, dans un petit film, admirer le parc à bisons où Goe-ring, furieusement décontracté, dispense ses leçons de bien-être. Il ne peut pas ne pas apercevoir l'étrange petite plume qu'il porte au chapeau, le col de fourrure, la drôle de cravate. Peut-être qu'il aime lui aussi la chasse, Halifax, comme l'aimait son vieux père, et alors il a dû prendre bien du plaisir à la Schorfheide, mais il n'a pas pu ne pas voir l'étrange veste de cuir que porte Her-mann Goering, ni le poignard à sa ceinture,

ne pas entendre les allusions sinistres enro-
bées de grasses plaisanteries. Il l'a peut-être
vu tirer à l'arc, déguisé en saltimbanque ; il a
sans doute vu les animaux sauvages domes-
tiqués, le petit lionceau venir lécher le visage
du maître. Et même s'il n'a rien vu de tout
ça, même s'il n'a passé qu'un quart d'heure
avec Goering, il a sûrement entendu parler des immenses circuits de petits trains
pour enfants dans le sous-sol de sa maison, et il l'a, fatalement, entendu chuchoter
tout un tas de sottises bizarres. Et Halifax,
le vieux renard, n'a pas pu ignorer son égo-
manie délirante ; il l'a peut-être même vu
lâcher brusquement le volant de sa déca-
potable et crier dans le vent ! Oui, il n'a pas
pu ne pas deviner, sous le masque pâteux
et boursouflé, le noyau effrayant. Et puis il
a rencontré le Führer ; et là encore il n'aurait rien vu, Halifax ! Ignorant les réserves
d'Eden, il a été jusqu'à laisser entendre à
Hitler que les prétentions allemandes sur
l'Autriche et une partie de la Tchécoslovaquie ne semblaient pas illégitimes au gouvernement de Sa Majesté, à condition que
cela se déroule dans la paix et la concerta-
tion. Il n'est pas farouche, Halifax. Mais
une dernière anecdote rend son parfum

au personnage. Devant Berchtesgaden, où on le déposa, Lord Halifax aperçut une silhouette près de la voiture, qu'il prit pour un valet de pied. Il imagina que l'homme était venu à sa rencontre afin de l'aider à gravir les marches du perron. Alors, tandis qu'on ouvrait la portière, il lui tendit son manteau. Mais, aussitôt, von Neurath ou quelqu'un d'autre, un valet de pied peut-être, lui souffla à l'oreille d'un ton rauque : "Le Führer !" Lord Halifax leva les yeux. En effet, c'était Hitler. Il l'avait pris pour un laquais ! C'est qu'il n'avait pas daigné hausser le nez, comme il le rapportera plus tard dans son petit livre de Mémoires, *Plénitude des jours* : il n'a tout d'abord vu que des pantalons, et tout en bas : une paire de souliers. Le ton est ironique, Lord Halifax cherche à nous faire rire. Mais je ne trouve pas ça drôle. L'aristocrate anglais, le diplomate qui se tient fièrement debout derrière sa petite rangée d'ancêtres, sourds comme des trombones, cons comme des buses, bornés comme des *fields*, voilà qui me laisse froid. N'est-ce pas le très honorable premier vicomte Halifax qui, en tant que chancelier de l'Échiquier, s'opposa fermement à toute aide supplémentaire à l'Irlande, pendant toute la durée de sa chancellerie ? La famine fit un million de morts. Et le très honorable deuxième vicomte, le père d'Halifax, celui qui fut valet de chambre du roi, collectionneur d'histoires de fantômes, qu'après sa mort, un de ses fantômes de fils publia, est-ce qu'on peut vraiment se cacher derrière ? Et puis cette maladresse n'a rien d'exceptionnel, ce n'est pas la gaffe d'un vieil étourdi, c'est une cécité sociale, la morgue. En revanche, pour ce qui est des idées, il n'est pas bégueule, Halifax. Ainsi, à propos de son entrevue avec Hitler, il écrira à Baldwin : "Le nationalisme et le racisme sont des forces puissantes, mais je ne les considère ni contre nature ni immorales !" ; et un peu plus tard : "Je ne puis douter que ces personnes haïssent véritablement les communistes. Et je vous assure que si nous étions à leur place, nous éprouverions la même chose." Telles furent les prémices de ce qu'on appelle encore aujourd'hui *la politique d'apaisement*.

INTIMIDATIONS

O N EN ÉTAIT donc aux visites de courtoisie. Pourtant, le 5 novembre, à peine une douzaine de jours avant que Lord Halifax vienne parler de paix avec les Allemands, Hitler avait confié aux chefs de ses armées comment il projetait d'occuper par la force une partie de l'Europe. On envahirait d'abord l'Autriche et la Tchécoslovaquie. C'est qu'on était trop à l'étroit en Allemagne, et puisqu'on n'atteint jamais le fond de ses désirs, que la tête se tourne toujours vers les horizons effacés, et qu'un zeste de mégalomanie sur des troubles paranoïaques rend la pente encore plus irrésistible, après les délires d'Herder et le discours de Fichte, depuis l'esprit d'un peuple célébré par Hegel et le rêve de Schelling d'une communion des cœurs, la notion d'*espace vital* n'était pas une nouveauté. Bien sûr, cette réunion était restée secrète, mais on voit un peu quelle devait être l'ambiance à Berlin, juste avant la venue d'Halifax. Et ce n'est pas tout. Le 8 novembre, neuf jours avant sa visite, Goebbels avait inauguré une grande exposition d'art à Munich sur le thème du "Juif éternel". Voilà pour le décor. Personne ne pouvait ignorer les projets des nazis, leurs intentions brutales. L'incendie du Reichstag, le 27 février 1933, l'ouverture de Dachau, la même année, la stérilisation des malades mentaux, la même année, la Nuit des longs couteaux, l'année suivante, les lois sur la sauvegarde du sang et de l'honneur allemand, le recensement des caractéristiques raciales, en 1935 ; cela faisait vraiment beaucoup.

En Autriche, où se tournèrent aussitôt les ambitions du Reich, le chancelier Dollfuss, qui s'était arrogé – du haut de son petit mètre cinquante – tous les pouvoirs, avait été assassiné par des nazis autrichiens dès 1934. Schuschnigg, son successeur, avait poursuivi sa politique autoritaire. L'Allemagne avait alors mené pendant plusieurs années une diplomatie hypocrite, pot-pourri d'attentats, de chantage et de séduction. Enfin, trois mois à peine après la visite d'Halifax, Hitler hausse le ton.

Schuschnigg, le petit despote autrichien, est convoqué en Bavière, c'est l'heure du diktat ; le temps des manœuvres clandestines est échu.

Le 12 février 1938, Schuschnigg se rend donc à Berchtesgaden, pour une rencontre avec Adolf Hitler. Il arrive à la gare déguisé en skieur – l'alibi de son voyage est un séjour aux sports d'hiver. Et, tandis qu'on charge dans le train son équipement de ski, la fête à Vienne bat son plein. Car c'est carnaval ; les dates les plus joyeuses chevauchent ainsi les rendez-vous sinistres de l'Histoire. Fanfare, quadrille, bouquet final. On joue une des cent cinquante valses de Strauss, empreinte d'élégance et de charme, sous une avalanche de confiseries. Le carnaval de Vienne est certes moins connu que ceux de Venise ou de Rio. On n'y porte pas de si beaux masques et on ne s'y abandonne pas à des danses si fiévreuses. Non. Ce n'est rien d'autre qu'une série de bals. Mais c'est tout de même une immense fête. Les corps constitués du petit État catholique et corporatiste organisent les réjouissances. Ainsi, pendant que l'Autriche agonise, son chancelier, déguisé en skieur, s'éclipse de nuit pour un improbable voyage, et les Autrichiens font la fête.

Au matin, dans la gare de Salzbourg, il y a juste un cordon de gendarmes. Le temps est humide et froid. La voiture qui emporte Schuschnigg longe le terrain d'aviation puis emprunte la route nationale ; le grand ciel gris le rend songeur. Sa rêverie s'abandonne aux oscillations de la voiture, se mêle aux flocons de givre. Toute vie est misérable et solitaire ; tous les chemins sont tristes. La frontière approche, Schuschnigg est pris d'une brusque appréhension ; il a le sentiment d'être au bord de la vérité ; il regarde le crâne de son chauffeur.

À la frontière, von Papen est venu l'accueillir. Son long visage élégant rassure le chancelier. Tandis qu'il monte en voiture, von Papen lui annonce que trois généraux allemands assisteront à la conférence – "Vous n'y voyez pas d'inconvénient, j'espère ?" lance-t-il, négligemment. La tentative d'intimidation est grossière. Les manœuvres les plus brutales nous laissent sans voix. On n'ose rien dire. Un être trop poli, trop timide, tout au fond de nous, répond à notre place ; il dit le contraire de ce qu'il faudrait dire. Ainsi, Schuschnigg ne proteste pas et la voiture reprend sa route, comme si de rien n'était. Tandis que son regard mort roule sur le bas-côté, un camion militaire les double, suivi par deux voitures blindées de la SS. Le chancelier autrichien éprouve une sourde angoisse. Qu'est-il venu faire dans ce guêpier ? Lentement, on se met à grimper vers Berchtesgaden. Schuschnigg fixe le sommet des pins, s'efforçant de maîtriser son malaise. Il se tait. Von Papen ne dit pas un mot, lui non plus. Et puis la voiture arrive au Berghof, le portail s'ouvre et se referme. Schuschnigg a le sentiment d'être tombé dans un horrible piège.

L'ENTREVUE DU BERGHOF

VERS onze heures du matin, après quelques moulinets de politesses, les portes du bureau d'Adolf Hitler se referment derrière le chancelier d'Autriche. C'est alors qu'a lieu une des scènes les plus fantastiques et grotesques de tous les temps. Nous n'en avons qu'un témoignage. Celui de Kurt von Schuschnigg.

C'est au chapitre le plus douloureux de ses Mémoires, *Requiem pour l'Autriche*, qu'après un exergue du Tasse un peu pédant, son petit récit commence à l'une des fenêtres du Berghof. Le chancelier d'Autriche vient de s'asseoir à l'invitation du Führer, il croise et décroise les jambes, un peu mal à l'aise. Il se sent comme engourdi, privé de force. L'angoisse de tout à l'heure est là, suspendue aux caissons du plafond, cachée sous les fauteuils. Ne sachant trop quoi dire,

Schuschnigg tourne la tête et admire la vue ; puis il évoque, enthousiaste, les entretiens décisifs qui ont dû avoir lieu dans ce bureau. Aussitôt Hitler le remballe : "Nous ne sommes pas ici pour parler de la vue ni du temps qu'il fait !" Schuschnigg est tétanisé ; il essaie alors, par un laïus guindé et maladroit, de remonter la pente, évoquant le pauvre accord austro-allemand de juillet 1936, comme s'il était venu ici seulement afin d'éclaircir de petites difficultés passagères. Enfin, dans un élan désespéré, s'accrochant à sa bonne foi comme à une pauvre bouée de sauvetage, le chancelier autrichien déclare avoir mené ces dernières années une politique allemande, résolument allemande ! C'est là qu'Adolf Hitler l'attendait.

"Ah ! Vous appelez ça une politique allemande, monsieur Schuschnigg ? Vous avez tout fait, au contraire, pour éviter une politique allemande !" hurle-t-il. Et, après une maladroite justification de Schuschnigg, Hitler, hors de lui, monte d'un cran : "D'ailleurs, l'Autriche n'a jamais rien fait qui ait servi le Reich. Son histoire est une suite ininterrompue de trahisons."

Aussitôt les mains de Schuschnigg sont toutes moites ; et que la pièce lui semble grande ! Pourtant, tout a l'air calme. Les fauteuils sont revêtus d'une tapisserie vulgaire, les coussins sont trop mous, les boiseries régulières, les abat-jour cernés par de petits pompons. Soudain, Schuschnigg est seul dans l'herbe froide, sous le grand ciel d'hiver, face aux montagnes. La fenêtre devient immense. Hitler le regarde avec ses yeux pâles. Schuschnigg recroise les jambes et réajuste ses lunettes.

Pour le moment, Hitler l'appelle "monsieur", et Schuschnigg, imperturbable, continue à l'appeler "chancelier" ; Hitler l'a envoyé sur les roses, et Schuschnigg, pour se justifier, s'est vanté de mener une politique allemande ; à présent voici que le chancelier allemand insulte l'Autriche, allant même jusqu'à hurler que sa contribution à l'histoire allemande est égale à zéro, et Schuschnigg, tolérant, magnanime, au lieu de tourner les talons et de couper court, cherche désespérément dans sa mémoire, comme un bon élève, un exemple de la fameuse contribution autrichienne à l'Histoire. À toute vitesse, dans le plus grand désarroi, il fouille les poches des siècles. Mais sa mémoire est vide, le monde est vide, l'Autriche est vide. Et les yeux du Führer le fixent obstinément. Alors, que trouve-t-il, pressé par son désespoir ? Beethoven. Il trouve le bon Ludwig van Beethoven, le sourd irascible, le républicain, le solitaire désespéré. C'est Beethoven qu'il va tirer de sa retraite, le fils d'alcoolique, *le basané* ; c'est lui que Kurt von Schuschnigg, le chancelier d'Autriche, le petit aristocrate raciste et timoré, sort de la poche de l'Histoire et remue soudain comme un chiffon blanc au visage d'Hitler. Pauvre Schuschnigg. Il va chercher un musicien contre le délire, il va chercher la *Neuvième Symphonie* contre la menace d'une agression militaire, il va chercher les trois petites notes de l'*Appassionata*, pour démontrer que l'Autriche a bien joué un rôle dans l'Histoire.

"Beethoven n'est pas autrichien, lui rétorque alors Hitler – en un coup de bec inattendu –, il est allemand." Et c'est vrai. Schuschnigg n'y avait même pas pensé. Beethoven est allemand, c'est indiscutable. Il est né à Bonn. Et Bonn, quelle que soit la manière dont on s'y prend, même si on tire discrètement la nappe, même si on fouille toutes les annales de l'Histoire, Bonn n'a jamais été une ville autrichienne, absolument jamais. Bonn est aussi loin de l'Autriche que Paris ! Autant dire que Beethoven est roumain, ukrainien même, ce n'est pas plus loin. Et pourquoi pas croate, pendant qu'on y est, ou marseillais, puisqu'à tout prendre, Marseille n'est pas beaucoup plus loin de Vienne.

"C'est vrai, bredouille Schuschnigg, mais il est autrichien d'adoption." On est décidément bien loin d'une réunion entre chefs d'État.

Le temps était maussade. L'entrevue prit fin. Il fallut déjeuner ensemble. On descendit côte à côte l'escalier. Avant de pénétrer dans la salle à manger du Berghof, Schuschnigg est frappé par un portrait de Bismarck : la paupière gauche du grand chancelier tombe inexorablement sur l'œil, le regard est froid, désabusé ; la peau paraît flasque. On entra dans la salle, on s'assit ; Hitler au milieu de la table, le chancelier d'Autriche en face de lui. Le repas s'écoula normalement. Hitler semblait détendu, il fut même bavard. Dans un élan puéril, il raconta qu'à Hambourg, il allait faire bâtir *le plus grand pont du monde*. Puis il ajouta, incapable sans doute de se réfréner, qu'il y ferait bientôt construire *les plus hauts buildings*, et que les Américains verraient alors qu'en Allemagne on construit plus grand et bien mieux qu'aux États-Unis. Après quoi, on passa au salon. Le café fut servi par de jeunes SS. Enfin, Hitler se retira, et le chancelier d'Autriche se mit aussitôt à fumer comme un sapeur.

Les photographies que nous possédons de Schuschnigg nous montrent deux visages : un visage pincé, austère, et un autre plus timide, rentré, presque rêveur. Sur un célèbre cliché, il a les lèvres serrées, l'air perdu, avec dans le corps une sorte d'abandon, de chute. C'est en 1934, à Genève, dans ses appartements, que cette photographie fut prise. Schuschnigg se tient debout, inquiet peut-être. Il y a dans ses traits quelque chose de mou, d'indécis. On dirait qu'il tient à la main une feuille de papier, mais l'image est floue et une tache sombre mange le bas de la photo. Si l'on regarde attentivement, on remarque que le revers d'une poche de sa veste est froissé par son bras, et puis on aperçoit un étrange objet, une plante peut-être, qui fait à droite intrusion dans le cadre. Mais cette photographie, telle que je viens de la décrire, personne ne la connaît. Il faut aller à la Bibliothèque nationale de France, au département des estampes et de la photographie, pour la voir. Celle que nous connaissons a été coupée, recadrée. Ainsi, à part quelques sous-archivistes chargés de classer et d'entretenir les documents, personne n'a jamais vu le revers mal fermé de la poche de Schuschnigg, ni l'étrange objet – une plante ou je ne sais quoi – à droite de la photo, ni la feuille de papier. Une fois recadrée, la photographie donne une impression toute différente. Elle possède une sorte de signification officielle, de décence. Il a suffi de supprimer quelques millimètres insignifiants, un petit morceau de vérité, pour que le chancelier d'Autriche semble plus sérieux, moins ahuri que sur le cliché d'origine ; comme si le fait d'avoir refermé un peu le champ, effacé quelques éléments désordonnés, en resserrant l'attention sur lui, conférait à Schuschnigg un peu de densité. Tel est l'art du récit que rien n'est innocent.

Mais à présent, au Berghof, il ne saurait être question de densité ni de décence. Ici, il n'y a qu'un seul cadrage qui vaille, il n'y a qu'un art de convaincre qui vaille, il n'y a qu'une seule manière d'obtenir ce que l'on souhaite – la peur. Oui, ici, c'est la peur qui règne. Terminées les politesses allusives, les formes retenues de l'autorité, les apparences. Ici, le petit junker tremble. Il n'en revient pas, tout d'abord, qu'on ose lui parler ainsi, Schuschnigg. Il le confiera d'ailleurs, un peu plus tard, à l'un de ses hommes, il se sent injurié. Et pourtant, il ne s'en va pas, il ne manifeste aucun mécontentement, il fume. Il fume clope sur clope.

Deux longues heures s'écoulent. Puis vers seize heures, Schuschnigg et son conseiller sont conviés à rejoindre Ribbentrop et von Papen dans une pièce attenante. On leur présente quelques articles d'un nouvel accord entre les deux pays, précisant que ce sont les ultimes concessions possibles du Führer. Mais qu'exige donc cet accord ? Il exige pour commencer – en une formule vide et sans grande portée – que l'Autriche et le Reich se consultent sur les questions internationales intéressant les deux parties. Il exige – et c'est là que les choses se corsent – que les idées nationales-socialistes soient autorisées en Autriche et que Seyss-Inquart, un nazi, soit nommé ministre de l'Intérieur, avec les pleins pouvoirs – ingérence prodigieuse. Il exige encore que le Dr Fischböck, un nazi notoire, soit lui aussi nommé au gouvernement. Il exige ensuite l'amnistie de tous les nazis emprisonnés en Autriche, criminels compris. Il exige que tous les fonctionnaires et officiers nationaux-socialistes soient réintégrés dans leurs droits antérieurs. Il exige l'échange immédiat d'une centaine d'officiers entre les deux armées et la nomination du nazi Glaise-Horstenau comme ministre autrichien de la Guerre. Enfin, il exige – ultime affront – le renvoi des directeurs de la propagande autrichienne. Ces mesures devront être effectives sous huit jours, en échange de quoi – sublime concession – "l'Allemagne réaffirme l'indépendance de l'Autriche et son attachement à la convention de juillet 1936", qui vient d'être vidée de son contenu. Puis, pour finir, formule inouïe après ce que l'on vient de lire : "L'Allemagne renonce à toute immixtion dans la politique intérieure de l'Autriche." On croit rêver.

La discussion s'engage alors, et Schuschnigg tente d'atténuer les exigences allemandes ; mais il veut avant tout sauver la face. On remue des points de détail. On dirait des crapauds autour d'une mare qui se passeraient le même œil et la même dent et s'en serviraient tour à tour. Enfin, Ribbentrop accepte d'amender trois articles, introduisant, après de laborieuses tractations, des changements sans importance. Soudain, la discussion est interrompue : Hitler fait appeler Schuschnigg.

Le bureau baigne dans la lumière des lampes. Hitler le parcourt à grands pas. De nouveau, le chancelier autrichien éprouve un sentiment de gêne. Et aussitôt qu'il s'assied, Hitler l'agresse, lui annonçant qu'il consent à une ultime tentative de conciliation. "Voici le projet, dit-il, il n'y aura pas de négociation. Je n'y changerai pas une virgule ! Ou bien vous signez, ou bien il n'y a pas lieu de poursuivre nos entretiens. Je prendrai ma décision dans la nuit." Le Führer a son air le plus grave et le plus sinistre.

À présent, le chancelier Schuschnigg est face à son moment d'opprobre ou de grâce. Va-t-il céder à cette machination médiocre, et accepter l'ultimatum ? Le corps est un instrument de jouissance. Celui d'Adolf Hitler s'agite éperdument. Il est raide comme un automate et virulent comme un crachat. Le corps d'Hitler dut pénétrer les rêves et les consciences, on croit le retrouver dans les ombres du temps, sur les murs des prisons, rampant sous les lits de sangles, partout où les hommes ont gravé les silhouettes qui les hantent. Ainsi, peut-être qu'au moment où Hitler jette à la tête de Schuschnigg son ultimatum, au moment où le sort du monde, à travers les coordonnées capricieuses du temps et de l'espace, se retrouve un instant, un seul instant, entre les mains de Kurt von Schuschnigg, à quelques centaines de kilomètres de là, dans son asile de Ballaigues, Louis Soutter était peut-être en train de dessiner avec les doigts sur une nappe en papier une de ses danses obscures. Des pantins hideux et terribles s'agitent à l'horizon du monde où roule un soleil noir. Ils courent et fuient en tous sens, surgissant de la brume, squelettes, fantômes. Pauvre Soutter. Il avait déjà passé plus de quinze ans dans son asile, quinze ans à peindre ses angoisses sur de mauvais bouts de papier, des enveloppes usagées, dérobés à la corbeille. Et, à cet instant où le destin de l'Europe se joue au Berghof, ses petits personnages obscurs, se tordant comme des fils de fer, me semblent un présage.

Soutter était revenu d'un long séjour loin de chez lui, très loin, à l'étranger, à l'autre bout du monde, dans un état de délabrement inquiétant. Après quoi, il avait vécu d'expédients. Musicien pour thés dansants durant la saison touristique, une réputation de folie avait commencé à le suivre partout où il allait. Dans son visage s'imprima une mélancolie profonde. Et il fut interné à l'asile de Ballaigues. De temps en temps, il fuguait ; on le ramenait là-bas, décharné, à moitié mort de froid. En haut, dans sa chambre, il entassait dessin sur dessin, une pile monstrueuse de croquis, représentant des êtres noirs, difformes, de grands infirmes palpitants. Son propre corps était si maigre, fatigué par de longues marches dans la campagne. Ses joues étaient évidées, caverneuses ; il n'avait plus de dents. Enfin, ne parvenant plus à tenir de pinceau ou de plume pour dessiner, à cause de l'arthrose qui déformait ses mains, presque aveugle, il se mit à peindre avec les doigts, juste en les trempant dans l'encre, vers 1937. Il avait près de soixante-dix ans. Il fit alors ses plus belles œuvres ; il se mit à peindre des cohortes de silhouettes noires, agitées, frénétiques. On dirait des grappes de sang. Des vols de sauterelles. Et cette agitation forcenée vivait dans l'esprit de Louis Soutter, une forme de hantise qui le terrifiait. Mais, si on songe à ce qui se passait en Europe, autour de lui, pendant ces longues années de réclusion à Ballaigues, dans le Jura, on peut penser que ce long ruisseau de corps noirs, tordus, souffrants et gesticulants, que ces colliers de cadavres augurent quelque chose. On dirait que le pauvre Soutter, enfermé dans son délire, sans le savoir peut-être, filme avec les doigts la lente agonie du monde qui l'entoure. On dirait que le vieux Soutter fait défiler le monde entier, les spectres du monde entier derrière un pauvre corbillard. Tout se transforme en flammes et en épaisses fumées. Il trempe ses doigts tordus dans le petit pot d'encre et il nous livre la vérité morte de son temps. Une grande danse macabre.

Au Berghof, on était bien loin de Louis Soutter, bien loin de sa timidité étrange, bien loin du réfectoire de Ballaigues. On y menait une besogne plus basse. À cette minute où Louis Soutter trempait peut-être ses doigts meurtris dans son pot d'encre noire, Schuschnigg regarda fixement Adolf Hitler. Il écrira plus tard, dans son livre de souvenirs, qu'Hitler exerçait sur les hommes une emprise magique. Et il ajoute : "Le Führer attirait les autres à lui par une force magnétique, puis les repoussait avec une telle violence, qu'un abîme s'ouvrait alors, que rien ne pouvait combler." On voit qu'il n'est pas avare d'explications ésotériques, Schuschnigg. Cela justifie ses faiblesses. Le chancelier du Reich est un être surnaturel, celui que la propagande de Goebbels voudrait nous montrer, créature chimérique, effrayante, inspirée.

Et, finalement, Schuschnigg céda. Il fit même pire. Il bredouilla. Puis, il déclara qu'il était prêt à signer, mais il émit une objection, la plus timide et la plus aboulique qui soit, la plus veule aussi : "Je vous ferai seulement remarquer" ajouta-t-il, dans un mélange perceptible de malice et de faiblesse qui dut le défigurer, "que cette signature ne vous avance à rien." À cet instant, il dut savourer la surprise d'Hitler. Il dut savourer la seule petite étincelle de supériorité qu'il put dérober au destin sur Adolf Hitler. Oui, il dut jouir, lui aussi, mais d'une autre manière, comme un escargot peut-être, de ses cornes molles. Oui, il dut jouir. Le silence après sa réplique dura une éternité. Schuschnigg éprouva sa part invincible, minuscule. Et il se tortilla sur son siège.

Hitler eut un regard interloqué. Qu'était-il en train de lui dire ? "D'après notre Constitution", renchérit alors Schuschnigg, d'un ton doctoral, "c'est la plus haute autorité de l'État, c'est-à-dire le président de la République qui nomme les membres du gouvernement. De même que l'amnistie est sa prérogative." C'était donc cela, il ne se contentait pas de céder à Adolf Hitler, il lui fallait encore se retrancher derrière un autre. Lui, le petit autocrate, voici que soudain, au moment où son pouvoir devenait empoisonné, il acceptait de le partager.

Mais le plus étrange fut dans la réaction d'Hitler. Il bredouilla à son tour : "Alors vous avez le droit…", comme s'il ne comprenait pas bien ce qui arrivait. Les objections de droit constitutionnel le dépassaient. Et lui qui, pour servir sa propagande, tenait à conserver les apparences, il dut se sentir brusquement désorienté. Le droit constitutionnel est comme les mathématiques, on ne peut pas tricher. Il bredouilla encore : "Vous devez…" Et Schuschnigg dut alors véritablement jouir de sa victoire ; enfin, il le tenait ! Avec son droit, il le tenait, avec ses études de droit, avec sa licence ! Ça y est, le brillant avocat tenait le petit agitateur ignorant.

Oui, le droit constitutionnel existe, et ce n'est pas pour les termites ou les souriceaux, non, c'est pour les chanceliers, les véritables hommes d'État, car une norme constitutionnelle, monsieur, vous barre la route aussi puissamment qu'un tronc d'arbre ou un barrage de police !

C'est alors qu'Hitler, dans un état d'excitation extrême, ouvrit brutalement la porte de son bureau et hurla dans le vestibule : "Général Keitel !" Puis, se tournant vers Schuschnigg, il lui lança : "Je vous ferai rappeler plus tard." Schuschnigg sortit, et la porte se referma.

Au procès de Nuremberg, le général Keitel fit le récit de la scène qui suivit. Il en fut l'unique témoin. Lorsque le général entra dans son bureau, Hitler lui demanda simplement de s'asseoir, et s'assit à son tour. Derrière les mystérieuses portes de bois, le Führer lui déclara qu'il n'avait rien de particulier à lui dire, puis resta un moment immobile et muet. Personne ne bougeait plus. Hitler était absorbé par ses pensées et Keitel se tenait assis, à côté de lui, sans rien dire. C'est que le chancelier voyait en Keitel un pion, un simple pion, rien de plus, et il l'utilisait ainsi. Voilà pourquoi, si curieux que cela puisse paraître, au cours des longues minutes que dura cette consultation, il ne se passa rien, strictement rien. C'est du moins ce qu'en dit Keitel.

Pendant ce temps, Schuschnigg et son conseiller craignent le pire. Ils envisagent même leur arrestation. Quarante-cinq minutes s'écoulent... Avec Ribbentrop et von Papen, ils continuent à discuter, machinalement, des clauses de l'accord ; mais à quoi bon, puisqu'Hitler a déclaré qu'il n'en changerait pas une virgule. Ce doit être un moyen pour Schuschnigg de se rassurer, il faut à tout prix que la situation ait l'air la plus normale du monde. Il continue donc à faire comme s'il s'agissait d'une véritable conférence entre chefs d'État, comme s'il était encore le représentant d'un pays souverain. Mais en réalité, il évite seulement de donner à sa situation pénible un air officiel qui la rendrait irrémédiable.

Enfin, Hitler fait rappeler Kurt von Schuschnigg. Et là, mystère de l'art de plaire, où l'on souffle le chaud après le froid, où la tonalité change d'un acte à l'autre, les ronces ont soudain disparu. "Je me suis décidé, pour la première fois de ma vie, à revenir sur une décision prise", lance Adolf Hitler, comme s'il accordait un immense privilège. À cet instant, peut-être, Hitler sourit. Lorsque les gangsters ou les fous furieux sourient, il est difficile de leur résister ; on veut en finir au plus vite avec la source de ses malheurs, on veut la paix. Et puis, entre deux épisodes de tortures morales, un sourire possède sans doute un charme particulier, comme une éclaircie. "Seulement, je vous le répète", ajouta Hitler, mêlant soudain la gravité à la confidence, "c'est la toute dernière tentative. J'attends l'exécution de cet accord d'ici trois jours." Et là, tandis que non seulement rien n'est changé, que même les modifications de détail obtenues ne seront pas prises en compte et que le délai d'expiration de l'ultimatum vient d'être sans justification raccourci de cinq jours, Schuschnigg accepte sans broncher. À bout de forces, comme s'il avait obtenu une concession, il se range à un accord plus calamiteux que le premier.

Une fois les documents partis au secrétariat, la conversation se poursuivit aimablement. Hitler appelait à présent Schuschnigg "monsieur le chancelier", ce qui était un comble. Enfin, on signa les exemplaires dactylographiés, et le chancelier du Reich proposa à Schuschnigg et à son conseiller de rester souper. Ils déclinèrent poliment l'invitation.

COMMENT NE PAS DÉCIDER

DURANT les jours qui suivirent, l'armée allemande s'adonna à des manœuvres d'intimidation. Hitler avait demandé à ses meilleurs généraux de simuler les préparatifs d'une invasion. Voilà qui est extraordinaire, on a certes déjà connu toutes sortes de feintes, au long de l'histoire militaire, mais celle-là est d'une autre nature. Il ne s'agit pas d'un volet de la stratégie ou de la tactique, non, personne n'est encore en guerre. C'est une simple manœuvre psychologique, une menace. Il est surprenant d'imaginer les généraux allemands se prêter à une offensive de théâtre. On a dû faire ronfler les moteurs, vrombir les hélices, et puis, goguenards, envoyer tourner les camions à vide près de la frontière.

À Vienne, dans le bureau du président Miklas, la peur monte. Les manœuvres font leur effet. Le gouvernement autrichien imagine que les Allemands se préparent bel et bien à les envahir. On envisage alors toutes sortes de folies. On croit pouvoir apaiser Hitler en lui faisant don de sa ville natale, Braunau-sur-Inn, avec ses dix mille habitants, sa fontaine des Pêcheurs, son hôpital, ses brasseries. Oui, qu'on lui donne sa ville natale, sa maison natale, avec ses jolies impostes en forme de coquillage. Qu'on lui donne un morceau de ses souvenirs et qu'il nous fiche la paix ! Schuschnigg ne sait plus quoi inventer pour garder son petit trône. Craignant l'imminence de l'agression allemande, il supplie Miklas d'accepter l'accord et de nommer Seyss-Inquart ministre de l'Intérieur. Ce n'est pas un monstre Seyss-Inquart, rassure Schuschnigg, c'est un nazi modéré, un véritable patriote. Et puis, après tout, on resterait entre gens de bonne famille ; car Seyss-Inquart, le nazi, et Schuschnigg, le petit dictateur qu'Hitler tyrannise, sont presque des amis. Ils ont fait des études de droit, tous les deux, ils ont feuilleté les *Institutes* de Justinien, rédigé, l'un une petite note érudite sur les choses sans maître, mystérieux objet juridique hérité des Romains, l'autre un exposé remarqué sur je ne sais quel point contesté de droit canon. Et puis ils aiment la musique, follement. Ce sont des admirateurs de Bruckner, et, ensemble, ils évoquent parfois son langage musical, dans les bureaux de la chancellerie, là où s'est déroulé le congrès de Vienne, le long des couloirs où Talleyrand traîna ses brodequins pointus et sa langue de vipère. Schuschnigg et Seyss-Inquart parlent de Bruckner dans l'ombre de Metternich, cet autre spécialiste de la paix ; ils parlent de la vie d'Anton Bruckner, de sa vie de piété et de modestie. À ces mots, les lunettes de Schuschnigg s'embuent, sa voix s'enroue. Il pense peut-être à sa première épouse, au terrible accident de voiture, aux années de remords et de tristesse. Seyss-Inquart relève ses petites lunettes de scarabée et rumine de longues phrases en rasant les fenêtres du hall. Il chuchote, avec une certaine émotion, que Bruckner a été – le malheureux – interné, pendant trois mois ; Schuschnigg baisse alors la tête ; et Seyss-Inquart, songeur, avec au front je ne sais quel battement de veine, raconte qu'Anton Bruckner, durant ses longues, très longues et monotones promenades, comptait les feuilles des arbres, que dans une sorte d'acharnement secret et stérile, il passait d'un arbre à l'autre et voyait avec angoisse croître le nombre qui le tourmentait. Mais il dénombrait aussi les pavés, les fenêtres des immeubles, et lorsqu'il causait avec une dame, il ne pouvait s'empêcher de compter rapidement les perles de son collier. Il comptait les poils de son chien, les cheveux des passants, les nuages dans le ciel. On qualifia cela de névrose obsessionnelle ; c'était une sorte de feu qui le consumait. Ainsi, ajoute Seyss-Inquart, en fixant les lustres du grand hall, Bruckner isolait ses thèmes musicaux par des ricanements de silence. Et il semblerait même que ses symphonies procèdent d'un agencement savant, une succession régulière de thèmes. On y trouve, murmure Seyss-Inquart en laissant traîner sa main sur la rampe du grand escalier, des particularités d'enchaînement obéissant à un soubassement logique si ferme, si implacable, qu'il lui fut presque impossible d'achever sa *Neuvième Symphonie*. Il dut abandonner son dernier mouvement pendant deux ans ; et son travail incessant de correction a parfois laissé derrière lui jusqu'à dix-sept versions d'un même passage.

Schuschnigg devait être fasciné par ce délirant système fait d'hésitations et de repentirs. C'est pourquoi peut-être Seyss-Inquart et lui aimaient par-dessus tout deviser – comme un témoignage nous le rapporte – de la *Neuvième Symphonie* de Bruckner, avec ses cuivres grandioses, son silence effarant, puis le souffle de la clarinette, et ce moment où les violons, lentement, crachent leurs petites étoiles de sang. Puis ils évoquaient souvent Furtwängler, son front très haut, son air très doux de musicien, et cette petite baguette qu'il tient comme une brindille. Et enfin ils en venaient à Nikisch ; et à travers Arthur Nikisch, qui a joué Beethoven sous la direction de Richard Wagner, à travers la battue très simple d'Arthur Nikisch, mais capable de développer dans l'orchestre les sons les plus riches, comme s'il allait d'un geste minuscule et souverain libérer les entrailles de l'œuvre elle-même des caractères d'encre de la partition, à travers Nikisch, qui fut dirigé par Liszt, dont l'un des maîtres fut Salieri, la providence leur tendait Beethoven, Mozart et, tout au bout de leur délire, ils devinaient Haydn, touchant ainsi à la plus froide misère. Car Haydn, bien avant d'être l'inépuisable compositeur d'opéras, de symphonies, de messes, d'oratorios, de concertos, de marches et de danses que nous connaissons, fut un pauvre fils de charron et de cuisinière, un misérable vagabond sur le pavé de Vienne, dont on louait alors les services à l'occasion des enterrements et mariages. Mais cette misère-là n'est pas du ressort de Schuschnigg et de Seyss-Inquart, non, ils préfèrent suivre un autre embranchement et parcourir, avec Liszt, les salons de la belle Europe.

Pour Seyss-Inquart, la promenade se terminera toutefois bien plus mal que pour Schuschnigg, et après avoir été en poste à Cracovie et à La Haye, il finira son parcours minable de comparse à Nuremberg. Et là, bien sûr, il nie en bloc. Lui qui sera un des acteurs principaux de l'incorporation de l'Autriche au Troisième Reich, il n'a rien fait ; lui qui recevra le grade honoraire SS de *Gruppenführer*, il n'a rien vu ; lui qui sera ministre sans portefeuille dans le gouvernement d'Hitler, on ne lui a rien dit ; lui qui sera représentant du gouverneur général de Pologne, impliqué dans la brutale pacification du mouvement de résistance polonais, il n'a rien ordonné ; lui qui deviendra enfin commissaire du Reich aux Pays-Bas, et fera exécuter, d'après l'accusation à Nuremberg, plus de quatre mille personnes, antisémite sincère, ayant éradiqué les Juifs de tous les postes à responsabilité, lui qui n'est pas étranger aux mesures qui aboutiront à la mort d'environ cent mille Juifs hollandais, il n'a rien su. Et tandis que les trompettes sonnent, mais pour lui cette fois, il retrouve ses manières d'avocat, il plaide, il invoque un document, un autre, il feuillette, consciencieux, des liasses de preuves.

Le 16 octobre 1946, à cinquante-quatre ans, lui le fils du directeur d'école Emil Zajtich, qui abandonna ce nom pour un patronyme plus allemand, lui qui avait passé sa petite enfance à Stannern en Moravie et avait emménagé à Vienne à l'âge de neuf ans, voici qu'il se retrouve debout au-dessus du vide, à Nuremberg. Et là, sur l'échafaud, après des semaines passées dans sa cellule, observé nuit et jour, sous la lumière d'une torche éblouissante comme un soleil de glace, après avoir été, dans la nuit, informé de sa dernière heure, ayant descendu les quelques marches vers la cour, avancé d'un pas incertain, à la file, entre des soldats, et une fois monté sur l'échafaud en dernier, une fois morts les neuf autres condamnés, le voici à son tour qui suit l'ouvreuse en trébuchant. Dans la baraque où les potences sont dressées, et qui ressemble à un mauvais hangar, Ribbentrop est passé le premier. Non plus altier, comme il fut souvent, non plus inflexible comme durant les négociations du Berghof, mais accablé à l'approche de la mort. Un vieillard claudicant.

Puis ce furent les huit autres, jusqu'à son tour à lui, Arthur Seyss-Inquart. Il fait un pas en direction du bourreau. C'est John C. Woods qui sera pour lui le dernier témoin. Et sous les projecteurs, Seyss-Inquart, comme un papillon ébloui, aperçoit soudain le gros visage de Woods. Un rapport médical confie, dans un jargon contradictoire et emprunté, que Woods était quelque peu déficient – mais qui donc supporterait, sinon, d'accomplir une telle besogne ? D'autres témoignages parlent d'un pauvre type, alcoolique et hâbleur. On raconte ainsi qu'à la toute fin de sa carrière de bourreau, après quinze ans de loyaux services, il se vantait, une fois ingurgités sa dizaine de whiskies, d'avoir exécuté par pendaison trois cent quarante-sept condamnés, chiffre contesté. Toujours est-il qu'en ce jour d'octobre, il a déjà pendu beaucoup de monde depuis ses modestes débuts ; et une photographie nous le montre un autre jour de 1946, où avec l'assistance de Johann

Reichhart, lui aussi homme de sac et de corde, il procéda à l'exécution d'une trentaine de condamnés ; la rangée de gauche pour Woods, celle de droite pour Reichhart, qui avait déjà quant à lui exécuté des milliers de personnes durant le Troisième Reich et que les Américains, pour les besoins de la cause, avaient recruté. C'est donc ce visage-là, rubicond, rondouillard, car la mort nous offre après tout ce dont elle dispose, qui fut pour Seyss-Inquart la grande ouvreuse.

Alors, Seyss-Inquart cherche ses mots ; mais où sont-ils ? Terminés les galimatias de salons, les ordres, les arguments de prétoire, il ne reste rien qu'une phrase. Une phrase insignifiante. Des mots si pauvres qu'on voit le jour au travers et qui se terminent en une formule étrange : "Je crois en l'Allemagne." Et Woods lui passe enfin un capuchon sur le visage et lui enfile le nœud coulant, avant d'actionner la trappe. Et Seyss-Inquart – au milieu d'un monde en ruine – disparaît brutalement dans le trou.

UNE TENTATIVE DÉSESPÉRÉE

MAIS on n'est encore que le 16 février 1938. Quelques heures avant l'expiration de l'ultimatum, Miklas, reclus dans son palais présidentiel, cède à son tour. On amnistie les assassins de Dollfuss, Seyss-Inquart est nommé ministre de l'Intérieur et les SA défilent dans les rues de Linz avec de grands drapeaux. Sur le papier, l'Autriche est morte ; elle est tombée sous tutelle allemande. Mais, comme on le voit, rien ici n'a la densité du cauchemar, ni la splendeur de l'effroi. Seulement l'aspect poisseux des combinaisons et de l'imposture. Pas de hauteur violente, ni de paroles terribles et inhumaines, rien d'autre que la menace, brutale, la propagande, répétitive et vulgaire.

Pourtant, quelques jours plus tard, voici que brusquement Schuschnigg s'énerve ; cet accord forcé lui est resté en travers de la gorge. Dans un ultime sursaut, il déclare au Parlement que l'Autriche demeurera indépendante et que les concessions n'iront pas plus loin. Ça s'envenime. Des membres du parti nazi descendent dans la rue où ils sèment la terreur. La police n'intervient pas, puisque Seyss-Inquart, le nazi, est déjà ministre de l'Intérieur.

Rien de pire que ces foules amères, ces milices avec leurs brassards, leurs insignes militaires, une jeunesse prise dans de faux dilemmes, dilapidant ses emportements dans une épouvantable aventure. À ce moment, Schuschnigg, le petit dictateur autrichien, joue sa dernière carte. Oh, il devait bien savoir pourtant que, dans toute partie, il existe un stade critique au-delà duquel il devient impossible de se refaire ; on n'a plus qu'à regarder l'adversaire abattre à poignées ses cartes maîtresses et récolter les plis : les dames, les rois, tout ce qu'on n'a pas su jouer à temps et qu'on a fébrilement gardé en main dans l'espoir de ne pas le perdre. Car Schuschnigg n'est rien. Il ne porte rien, il n'est l'ami de rien, il n'est l'espoir de rien. Il a même tous les défauts, Schuschnigg, l'arrogance de l'aristocratie et des conceptions politiques absolument rétrogrades. Qui s'est mis à la tête, huit ans auparavant, d'un groupe de jeunesses catholiques paramilitaire, qui a dansé sur le cadavre de la liberté ne peut pas espérer qu'elle vole soudain à son secours ! Nul rayon de soleil ne traversera brusquement sa nuit, nul sourire ne viendra éclore sur la face du spectre afin de l'encourager à accomplir son dernier devoir. Aucune parole de marbre ne sortira de sa bouche, pas une particule de grâce, pas un postillon de lumière, rien. Sa face ne s'inondera pas de larmes. Ce n'est qu'un joueur de cartes, Schuschnigg, un piètre calculateur ; il a même semblé croire à la sincérité de son voisin allemand, à la loyauté des accords qu'on venait pourtant de lui extorquer. Il s'effarouche un peu tard ; il invoque les déesses qu'il a bafouées, il revendique des engagements ridicules pour une indépendance déjà morte. Il n'a pas voulu voir la vérité en face. Mais, à présent, la voici qui vient à lui, tout près, horrible, inévitable. Et elle lui crache au visage le secret douloureux de ses compromis.

Alors, dans un dernier geste de noyé, il va chercher l'appui des syndicats et du parti social-démocrate, pourtant interdits depuis quatre ans. Face au péril, les

socialistes acceptent cependant de le soutenir. Schuschnigg lance aussitôt une pro-
position de plébiscite sur l'indépendance
du pays. Hitler est fou de rage. Le vendre-
di 11 mars, à cinq heures du matin, son valet de chambre réveille Schuschnigg pour
la plus longue journée de son existence.
Il pose ses pieds par terre. Le parquet est
froid. Il enfile ses mules. On lui annonce de
vastes mouvements des troupes allemandes.
La frontière de Salzbourg est fermée et les
transports ferroviaires entre l'Allemagne
et l'Autriche sont interrompus. Une cou-
leuvre glisse dans les ténèbres. La fatigue de
vivre est insupportable. Il se sent soudain
très vieux, horriblement vieux ; mais il aura
tout le temps de penser à tout ça, il fera sept
ans de prison sous le Troisième Reich, et il
aura sept ans pour se demander s'il a bien
fait de mettre sur pied naguère son petit
groupe catholique paramilitaire, sept ans
pour savoir ce qui est vraiment catholique
et ce qui ne l'est pas, afin de départager la
lumière et les cendres. Même avec quelques
privilèges, l'enfermement est une épreuve
terrible. Aussi, une fois libéré par les Alliés,
il mènera enfin une vie paisible. Et – comme
si deux vies étaient possibles pour chacun

d'entre nous, comme si le jeu de la mort pouvait détruire nos songes, comme si dans l'ombre de ces sept années il avait demandé à Dieu : "Qui suis-je ?" et que Dieu lui avait répondu : "Quelqu'un d'autre" – l'ancien chancelier ira s'établir aux États-Unis et deviendra un Américain modèle, un catholique modèle, un professeur d'université modèle, à l'université catholique de Saint Louis. Un peu plus et il aurait presque pu discuter en robe de chambre avec McLuhan de la galaxie Gutenberg!

UNE JOURNÉE AU TÉLÉPHONE

Vers dix heures du matin, pendant qu'Albert Lebrun, président de la République française, paraphe un décret relatif à l'appellation d'origine contrôlée juliénas (le célèbre décret du 11 mars 1938), et se demande, à mesure que son regard dégringole le long des battants de la fenêtre de son bureau, si vraiment les vins d'Émeringes et de Pruzilly méritent cette appellation, tandis qu'il pleut et que de petites gouttes frappent les vitres comme un morceau de piano exécuté par une main débutante – songe Albert Lebrun dans un élan de poésie –, alors qu'il dépose le décret sur une énorme pile, un vrai foutoir ! et en prend un autre, fixant le budget de la Loterie nationale pour l'exercice à venir – ce doit être le cinquième ou le sixième qu'il signe depuis son entrée en fonction, car certains décrets reviennent, comme les martinets dans les grands arbres des quais, se poser sur son bureau chaque année ; ainsi, pendant qu'Albert Lebrun rêvasse à n'en plus finir sous l'immense égoïsme de son abat-jour, à Vienne, le chancelier Schuschnigg reçoit un ultimatum d'Adolf Hitler. Soit il retire son projet de plébiscite, soit l'Allemagne envahit l'Autriche. Toute discussion est exclue. Terminé le songe de la vertu, il faut maintenant essuyer son maquillage et ôter son costume. Quatre heures interminables passent. À quatorze heures, ayant foutu en l'air son déjeuner, Schuschnigg annule enfin le plébiscite. Ouf. Tout va pouvoir continuer comme avant : les promenades au bord du Danube, la musique classique, le babillage inconsistant, les pâtisseries de chez Demel ou Sacher.

Mais non. Le monstre est plus gourmand que lui. Il exige maintenant la démission de Schuschnigg et son remplacement par Seyss-Inquart, au poste de chancelier d'Autriche. Rien que ça. "Quel cauchemar, ça ne s'arrêtera donc jamais !" À l'époque où il était prisonnier des Italiens, jeune homme, pendant la Première Guerre, Schuschnigg aurait dû lire les articles de Gramsci plutôt que des romans d'amour ; alors il serait peut-être tombé sur ces lignes : "Quand tu discutes avec un adversaire, essaie de te glisser dans sa peau." Mais il ne s'est jamais glissé dans la peau de personne, tout au plus a-t-il enfilé le costume de Dollfuss, après lui avoir pendant quelques années léché les bottes. Se mettre à la place de quelqu'un ? Il ne voit même pas où cela mène ! Il ne s'est pas glissé dans la peau des ouvriers tabassés, ni des syndicalistes arrêtés, ni des démocrates torturés ; alors, maintenant, il ne manquerait plus qu'il parvienne à se mettre dans la peau des monstres ! Il hésite. C'est la toute dernière minute de sa dernière heure. Et puis, comme d'habitude, il capitule. Lui, la force et la religion, lui, l'ordre et l'autorité, voici qu'il dit oui à tout ce qu'on lui demande. Il suffit de ne pas le demander gentiment. Il a dit non à la liberté des sociaux-démocrates, fermement. Il a dit non à la liberté de la presse, avec courage. Il a dit non au maintien d'un parlement élu. Il a dit non au droit de grève, non aux réunions, non à l'existence d'autres partis que le sien. Pourtant, c'est bien le même homme qu'embauchera après la guerre la noble université de Saint Louis, dans le

Missouri, comme professeur de sciences politiques. Sûr qu'il en connaissait un bout en sciences politiques, lui qui avait su dire non à toutes les libertés publiques. Aussi, une fois passée la petite minute d'hésitation – tandis qu'une meute de nazis pénètre dans la chancellerie –, Schuschnigg l'intransigeant, l'homme du non, la négation faite dictateur, se tourne vers l'Allemagne, la voix étranglée, le museau rouge, l'œil humide, et prononce un faible "oui".

Enfin ! il n'y avait plus rien d'autre à faire, nous confie-t-il dans ses Mémoires. On se console comme on peut. Il se rend donc au palais présidentiel, soulagé au fond, meurtri mais soulagé. Il vient donner sa démission au président de la République, Wilhelm Miklas. Mais là, surprise, voici que Miklas, ce fils d'un petit employé des postes, qu'on avait gardé président de la République pour la galerie, qui servait de caution et se contentait, d'habitude, de se tenir gentiment à côté de Dollfuss, puis de Schuschnigg, pendant les cérémonies, voici donc que cette ganache de Miklas refuse sa démission. Merde ! On passe un coup de fil à Goering. Il n'en peut plus Goering de ces crétins d'Autrichiens ! Il voudrait bien qu'on lui foute la paix ! Mais Hitler ne l'entend pas ainsi ; il faut que Miklas accepte cette démission, hurle-t-il, un combiné de téléphone dans chaque main ; il l'exige. C'est curieux comme jusqu'au bout les tyrans les plus convaincus respectent vaguement les formes, comme s'ils voulaient donner l'impression de ne pas brutaliser les procédures, tandis qu'ils roulent ouvertement par-dessus tous les usages. On dirait que la puissance ne leur suffit pas, et qu'ils prennent un plaisir supplémentaire à forcer leurs ennemis d'accomplir, une dernière fois, en leur faveur, les rituels du pouvoir qu'ils sont en train d'abattre.

Décidément, elle est longue cette journée du 11 mars ! Tic-tac, tic-tac, l'aiguille de l'horloge au-dessus du bureau de Miklas continue, imperturbable, son minuscule travail de ver à bois. Ce n'est pas un foudre de guerre Miklas, il a laissé Dollfuss installer sa petite dictature en Autriche et il a pu conserver sans dire un mot son poste de président. On raconte que sur les violations de la Constitution, Miklas, en privé, émettait des critiques – la belle affaire ! Et pourtant c'est un type curieux, ce Miklas, puisqu'au pire moment, vers deux heures de l'après-midi, le 11 mars, lorsqu'une sainte pétoche commence à gagner tout le monde, tandis que Schuschnigg dit oui, oui, oui à tout bout de champ, voici que Miklas dit non. Et il ne dit pas non à trois syndicalistes, à deux patrons de presse, à une escouade de gentils députés sociaux-démocrates ; il dit non à Adolf Hitler. Drôle de bonhomme Miklas. Lui qui était si falot, un simple figurant, président d'une république défunte depuis cinq ans, voici qu'il se rebiffe. Avec sa grosse bouille de notable, sa canne, son complet, son chapeau melon et sa montre à gousset, il ne sait plus dire oui. L'homme n'est jamais sûr ; un pauvre bougre peut soudain aller creuser tout au fond de lui-même, il y trouve une résistance absurde, un petit clou, une écharde. Et voilà qu'un type apparemment sans grands principes, nigaud sans amour-propre, se cabre. Oh, pas longtemps, mais tout de même. La journée sera encore longue pour Miklas.

Dans un premier temps, après des heures de pression, il finit par céder. Les nazis sont soulagés ; eux qui roulent sur les tapis rouges avec leurs tanks, ils souhaitaient absolument obtenir l'accord de Miklas. "Oui, Schuschnigg peut démissionner, ça va, je ne reviendrai pas là-dessus." Surprenante palinodie. D'autant qu'à peine donné son consentement, vers dix-neuf heures trente, à peine Schuschnigg tombé dans les oubliettes de l'Histoire, tandis que les nazis rassurés s'apprêtent à sabrer un mousseux chatoyant pour l'intronisation de Seyss-Inquart, le bon Miklas les tire par la manche à dix-neuf heures trente et une, pour leur dire que, s'il a donné son accord à la démission de cette panouille de Schuschnigg, en revanche il refuse catégoriquement de nommer Seyss-Inquart.

Il est vingt heures bien tassées. Alors, les Allemands, qui, comme on dit dans les manuels, tenaient par-dessus toute autre considération à conserver les apparences afin de ne pas effaroucher la communauté internationale (qui bien sûr ne se doute de rien), las de menacer Miklas, décident de passer outre. Tant pis si Seyss-Inquart n'est pas encore chancelier, c'est en tant que ministre de l'Intérieur qu'on va le mettre à contribution. Afin qu'on puisse ordonner à la Wehrmacht de passer la frontière autrichienne sans trop laisser l'impression de transgresser les règles de droit, on demande à Seyss-Inquart de bien vouloir inviter les

Allemands dans son beau pays et de le faire vite et officiellement. Oh ! bien sûr, il n'est que ministre, mais puisque le président Miklas ne veut pas le nommer chancelier, il faut un peu bousculer le protocole. On a beau être à cheval sur le droit constitutionnel, les circonstances sont impérieuses, rien ne prévaut contre elles.

On attend donc l'appel de Seyss-Inquart, le petit télégramme par lequel il va demander aux nazis de venir lui prêter main-forte. Il est vingt heures trente, rien ne se passe. Le mousseux s'évente dans les flûtes. Qu'est-ce qu'il fout, nom de Dieu, Seyss-Inquart ? On espérait que ça irait vite, qu'il se dépêcherait de l'écrire son petit télégramme et qu'on pourrait enfin aller dîner. Hitler est hors de lui, il attend depuis des heures ! depuis des années sans doute ! Alors, à bout de nerfs, à vingt heures quarante-cinq exactement, il donne l'ordre d'envahir l'Autriche. Tant pis pour l'invitation de Seyss-Inquart. On s'en passera ! Tant pis pour le droit, tant pis pour les chartes, les constitutions et les traités, tant pis pour les lois, ces petites vermines normatives et abstraites, générales et impersonnelles, les concubines d'Hammourabi, elles qui sont, dit-on, les mêmes pour tous, traînées ! Le fait accompli n'est-il pas le plus solide des droits ? On va envahir l'Autriche sans l'autorisation de personne, et on va le faire par amour.

Malgré tout, aussitôt l'invasion lancée, on se dit que tout de même, avec une invitation dans les formes, ce serait plus sûr. On rédige alors un télégramme, celui qu'on aurait aimé recevoir ; les amours sont ainsi faites que certains se contentent de dicter à leur maîtresse les petits billets dont ils rêvent. Trois minutes plus tard, Seyss-Inquart reçoit donc le texte du télégramme qu'il va devoir envoyer à Adolf Hitler. Ainsi, par un subtil effet de rétroaction, l'invasion se transmuerait en invitation. Le pain doit devenir chair. Le vin doit devenir sang. Mais voici – nouvelle surprise – que le très serviable Seyss-Inquart ne semble pas tout à fait prêt à vendre la peau de l'Autriche. Les minutes s'écoulent, le télégramme n'arrive pas.

Enfin, au bout d'un long couloir de discussions, haussant ses lourdes épaules, fatigué, dégoûté sans doute, le vieux Miklas, vers minuit, tandis que les nazis se sont déjà emparés des principaux centres de pouvoir, que Seyss-Inquart refuse toujours obstinément de parapher son télégramme, que dans la ville de Vienne se poursuivent des scènes de folie, émeutiers assassins, incendies, hurlements, Juifs traînés par les cheveux dans des rues jonchées de débris, alors que les grandes démocraties semblent ne rien voir, que l'Angleterre s'est couchée et ronronne paisiblement, que la France fait de beaux rêves, que tout le monde s'en fout, le vieux Miklas, à contrecœur, finit par nommer le nazi Seyss-Inquart chancelier d'Autriche. Les plus grandes catastrophes s'annoncent souvent à petits pas.

DÉJEUNER D'ADIEU
À DOWNING STREET

L E LENDEMAIN, à Londres, Ribbentrop
fut invité par Chamberlain pour un
déjeuner d'adieu. Après plusieurs années en
Angleterre, l'ambassadeur du Reich venait
d'obtenir une promotion. Désormais, il était
ministre des Affaires étrangères. Il était donc
revenu quelques jours à Londres prendre
congé et rendre les clés de sa maison. Car
on raconte qu'avant la guerre, Chamberlain, qui possédait quelques appartements,
avait pour locataire Ribbentrop. De ce fait
anodin, de ce conflit curieux entre l'image
et l'homme, de ce contrat, par lequel Neville
Chamberlain, appelé "le bailleur", s'engagea,
en échange d'un prix, "le loyer", à assurer à
Joachim von Ribbentrop la jouissance paisible de sa maison d'Eaton Square, personne
n'a su tirer la moindre conséquence. Chamberlain devait recevoir ce loyer entre deux

mauvaises nouvelles, entre deux coups bas. Mais il faut bien que les affaires tournent. Nul n'a donc discerné là-dedans aucune anomalie, on n'a pas donné à ce petit morceau de droit romain le moindre sens, rien. Un pauvre diable jugé pour vol se voit reprocher une batterie d'antécédents, les faits parlent soudain abondamment. Mais si les faits concernent Chamberlain, alors il faut être prudent. Une certaine décence est de mise, sa politique d'apaisement n'est rien qu'une bien triste erreur, et ses activités de bailleur n'occupent dans l'Histoire qu'une note de bas de page.

La première partie du repas se déroula dans la plus franche bonne humeur. Ribbentrop se mit à raconter ses prouesses sportives, puis, après quelques plaisanteries sur lui-même, il évoqua les plaisirs du tennis ; Sir Alexander Cadogan l'écoutait poliment. Il divagua d'abord un long moment sur le service, et sur cette petite planète de caoutchouc recouverte de feutre blanc, la balle, dont la durée de vie est très courte, insista-t-il, pas même celle d'un match ! Puis il évoqua le grand Bill Tilden, qui servait comme un demi-dieu, disait-il, et avait régné à lui seul sur le tennis des années vingt comme plus personne n'y parviendrait à l'avenir. Pendant cinq ans, Tilden ne perdit pas un match, et il gagna sept fois de suite la coupe Davis. Il avait ce qu'on appelait alors un service boulet de canon, son physique étant absolument voué à cette sublime performance : il était grand, maigre, avec de larges épaules et des mains énormes. Ribbentrop émaillait son intarissable discours de révélations et d'anecdotes piquantes ; ainsi, Tilden avait eu au début de sa plus prolifique série de victoires un bout de doigt amputé ; il se l'était malencontreusement écorché au grillage. Après l'opération, il joua mieux encore, comme si ce petit bout de doigt avait été une erreur de la sélection naturelle que la chirurgie moderne avait corrigée. Mais Tilden était surtout un stratège – insista Ribbentrop, en s'essuyant les lèvres à sa serviette de table –, et son livre, *L'art du tennis sur gazon*, est une mine de réflexions sur la discipline tennistique, comme le livre d'Ovide sur l'art d'aimer. Mais surtout – quintessence de l'être pour celui que ses camarades de jeunesse avaient surnommé gentiment Ribbensnob –, Bill Tilden était décontracté, suprêmement décontracté. Et élégant, son revers ressemblait à une révérence. Pourtant, sur un court de tennis, il était monarque absolu, personne ne pouvait le vaincre, et même les victoires de ses adversaires, lorsqu'il eut dépassé quarante ans, ne lui ôtèrent pas la première place, celle que son style altier donnait à tous les matchs qu'il disputait. Puis, Ribbentrop parla un peu de lui, de son jeu à lui. Sir Cadogan en avait à vrai dire affreusement marre de ces histoires de tennis, et il écoutait le ministre du Reich en souriant. Mme Chamberlain s'était, elle aussi, fait piéger en début de repas et subissait ce flot de paroles poliment. Ribbentrop évoquait à présent son séjour de jeunesse au Canada, lorsqu'en chemise et pantalons blancs, maltraitant ses mocassins sur les courts, il servait des aces presque à volonté. Il alla jusqu'à se lever et à mimer un lob, et il faillit renverser un verre, mais non, il le rattrapa à temps et cela passa pour une facétie. Il se remit un moment à parler de Tilden, des douze mille personnes venues le voir jouer vers 1920, ce qui était un record absolu pour l'époque, et demeure encore aujourd'hui un chiffre effarant. Mais, surtout, il était resté *number one*, répéta Ribbentrop à plusieurs reprises, il était resté *number one* pendant de longues années. Dieu merci, le plat de résistance arriva.

En hors-d'œuvre, on avait servi des charentais en glace, et Ribbentrop avait englouti le sien sans y prêter la moindre attention. Le plat principal était une poularde de Louhans à la Lucien Tendret. Churchill fit un compliment et, peut-être pour s'amuser de Ribbentrop et taquiner Cadogan, il relança le ministre du Reich sur le tennis. N'avait-il pas été comédien à Broadway, ce Bill Tilden, et auteur de deux romans exécrables, dont l'un s'appelait *La route fantôme* et l'autre *Le punch dégonflé*, ou quelque chose de ce genre ? Ribbentrop l'ignorait. Il ignorait au reste beaucoup de choses sur Tilden.

Le repas continua ainsi. L'ambassadeur du Reich semblait tout à son aise. Il avait d'ailleurs été remarqué par Adolf Hitler pour son aisance, son élégance *old fashion* et sa courtoisie, au milieu de ce qu'était le parti nazi, un ramassis de bandits et de criminels. Son attitude hautaine, accordée à un fond de servilité parfaite, l'avait propulsé jusqu'au poste de ministre des Affaires étrangères, poste envié ; et il se trouvait alors – ce 12 mars 1938, à Downing Street – au sommet de ce que la vie lui réservait. Il avait débuté sa carrière professionnelle comme importateur de champagnes Mumm et Pommery, et Hitler l'avait envoyé en Angleterre afin de faire du *lobbying* pour le Reich, de sonder les cœurs et de glaner, de-ci de-là, quelques informations. Il ne cessa jamais, durant cette période troublée, d'affirmer à Hitler que les Anglais étaient bien incapables de réagir. Il encourageait toujours le Führer à poursuivre les actions les plus téméraires, flattant ses penchants mégalomanes et brutaux. C'est ainsi qu'avait franchi les étapes de la gloire nazie celui qu'Hitler, à son insu, appelait parfois "le petit vendeur de champagne", tant les préjugés sont tenaces même parmi les plus profonds destructeurs de la société.

Au beau milieu du repas, comme le rapporte Churchill dans ses Mémoires, un envoyé du Foreign Office se fit introduire. Peut-être était-on en train de se partager une dernière cuisse de poularde, à moins que l'on n'en fût aux corniottes de fromage blanc accompagnées de limonade, ou encore qu'on ne dégustât une tarte au shion : deux cents grammes de farine, cent grammes de beurre, un œuf ou deux, une pincée de sel, un peu de sucre, un quart de litre de lait, de la semoule et de l'eau pour délier tout ça. Je vous passe les détails de la garniture et de la cuisson. Car on cuisinait souvent des recettes françaises à Downing Street ; le Premier ministre, Neville Chamberlain, en était friand. Et, après tout, pourquoi ne pas se mêler ainsi de cuisine ? On raconte bien, quelque part dans l'*Histoire auguste*, que jadis le Sénat de Rome délibéra des heures sur la sauce d'un turbot. C'est donc entre deux tintements de fourchette que l'envoyé du Foreign Office remit discrètement une enveloppe à Sir Cadogan. Il y eut un silence gêné. Sir Cadogan semblait lire très attentivement. On se remit lentement à parler. Ribbentrop fit comme si rien ne s'était passé ; il susurra deux ou trois compliments à la maîtresse de maison. C'est alors que Cadogan se leva et remit la note à Chamberlain. Cadogan ne semblait ni surpris ni contrarié par ce qu'il venait de lire. Il pensait. Chamberlain lut à son tour, l'air préoccupé. Pendant ce temps, Ribbentrop continuait son numéro de pipelette. Le dessert venait d'être servi, des fraises des bois cardinalisées, comme Escoffier savait les faire. Un vrai délice. On les mangea avec ferveur et Cadogan reprit sa place, remportant la note. Mais Churchill, ouvrant l'un de ses gros yeux de cocker et le tournant vers Chamberlain, lui remarqua un pli sévère entre les yeux ; il en conclut à une nouvelle préoccupante. Ribbentrop, lui, ne voyait rien. Il s'amusait, sans doute tout à sa joie d'être à présent ministre. Sur l'invitation de Mme Chamberlain, on passa au salon.

On servit le café. Ribbentrop se mit alors à parler des vins français, sa spécialité, il entretint ainsi un long moment une conversation languissante. Pour illustrer on ne sait plus quel propos, il se saisit d'une flûte invisible postée au sommet de son invisible pyramide de verres, et porta avec panache un toast. La flûte invisible était fraîche, le champagne invisible faisait six degrés, température idéale. Son couteau à dessert tapote sur la flûte ; Ribbentrop hoche la tête, sourit. Dehors, il a plu, les arbres sont mouillés, les trottoirs brillent.

Les Chamberlain manifestent leur impatience, mais poliment. On ne peut pas abréger une réception de ce genre, avec le ministre d'une puissance européenne. Il faut du tact, trouver l'occasion de se retirer. Bientôt, les invités eurent sans doute, eux aussi, le sentiment qu'il se passait quelque chose, et qu'une conversation souterraine se tenait entre Chamberlain et sa femme, qui enveloppait de plus en plus de protagonistes : Cadogan, Churchill et son épouse, ainsi que quelques autres. Il y eut alors une première vague de départs. Mais les Ribbentrop restaient là, inconscients de la gêne, lui surtout que cette journée d'adieux semblait enivrer et priver du tact le plus élémentaire. On s'impatienta. Là encore, très poliment, sans le montrer. On ne pouvait certes pas mettre dehors un invité d'honneur ; il fallait seulement qu'il comprît par lui-même que le moment était venu de quitter le salon, d'enfiler son pardessus et de remonter dans sa grande Mercedes à croix gammées.

Mais Ribbentrop ne comprenait rien, absolument rien ; il bavardait. Sa femme venait, elle aussi, d'entamer avec Mme Chamberlain une conversation animée. L'atmosphère devenait irréelle ; les hôtes manifestant, par de très légères inflexions de voix, une impatience à peine sensible, mais qu'une véritable politesse aurait dû déceler. Dans ce genre de moments, on se demande si l'on est fou, ou trop scrupuleux, si l'autre éprouve la gêne qui nous semble palpable ; mais non, rien. La cervelle est un organe étanche. Les yeux ne trahissent pas la pensée, les mimiques imperceptibles sont illisibles aux autres ; on croirait que le corps entier est un poème dont nous brûlons, et dont nos voisins ne comprennent pas un mot.

Soudain, prenant sur lui, Chamberlain dit à Ribbentrop : "Veuillez m'excuser, une affaire urgente m'appelle." C'était un peu abrupt, mais il n'avait pas trouvé d'autre moyen de couper court. On se leva, la plupart des invités saluèrent leurs hôtes et quittèrent Downing Street. Mais les Ribbentrop s'attardèrent avec ceux qui restaient. La discussion dura encore un long moment. Personne n'évoqua la note que Cadogan et Chamberlain avaient lue pendant le repas, et qui flottait entre eux comme un petit fantôme de papier, une réplique inconnue que tout le monde aurait aimé entendre, et qui était en fait le véritable texte de cet étrange vaudeville. Finalement, chacun se retira, mais pas avant que Ribbentrop eût dévidé tout son lot de mondanités insipides. C'est que l'ancien acteur de théâtre amateur était en train de jouer l'un de ses rôles secrets sur la grande scène de l'Histoire. Ancien patineur sur glace, golfeur, joueur de violon, il sait tout faire Ribbentrop ! Tout ! Même étirer le plus longtemps possible un repas officiel. C'était vraiment un drôle de loustic, un curieux mélange d'ignorance et de raffinement. Il faisait, paraît-il, d'horribles fautes de syntaxe ; et von Neurath, pour lui nuire – tandis que passaient entre ses mains les mémorandums que Ribbentrop rédigeait lui-même à destination du Führer –, évitait soigneusement de les corriger.

Les tout derniers invités finirent par se retirer, et les époux Ribbentrop levèrent le camp. Le chauffeur leur ouvrit la portière. Mme Ribbentrop replia délicatement sa robe et ils montèrent dans leur voiture. Il y eut alors une franche démonstration de gaieté. Les Ribbentrop rirent du bon tour qu'ils avaient joué à tout le monde. Ils s'étaient, évidemment, parfaitement rendu compte qu'une fois la note apportée par l'agent du Foreign Office, Chamberlain avait paru préoccupé, affreusement préoccupé. Et, bien sûr, ils savaient exactement ce qu'il y avait dans cette note, les Ribbentrop, et ils s'étaient donné pour mission de faire perdre à Chamberlain, et au reste de son équipe, le plus de temps possible. Ainsi, ils avaient éternisé ce repas, puis le café, puis les discussions dans le salon jusqu'à la limite du raisonnable. Pendant ce temps, Chamberlain n'avait pu parer au plus pressé, il avait été occupé à causer de tennis et à déguster des macarons. Les Ribbentrop, jouant sur sa trop grande politesse, une politesse presque maladive, puisque même la raison d'État pouvait attendre, l'avaient très utilement détourné de son travail. C'est que cette note apportée par l'agent du Foreign Office, et dont le mystère s'étira durant cet interminable repas, contenait une terrible nouvelle : les troupes allemandes venaient d'entrer en Autriche.

BLITZKRIEG

Pendant la matinée du 12 mars, les Autrichiens attendirent l'arrivée des nazis fébrilement, dans une allégresse indécente. Sur bien des films du temps, on aperçoit les gens tendre la main devant le comptoir d'un kiosque, d'une camionnette de foire, en quête d'un fanion à croix gammée. Partout, on se hausse sur la pointe des pieds, on grimpe aux corniches, sur les murets, en haut des lampadaires, n'importe où, pourvu que l'on puisse *voir*. Mais les Allemands se font attendre. La matinée passa... puis l'après-midi s'écoula, étrange ; par moments un grand bruit de moteur couvrait la campagne, les drapeaux s'agitaient, les sourires fleurissaient sur les visages, "Ils arrivent ! Ils arrivent !", entendait-on hurler de toutes parts. Les yeux exorbités fixaient l'asphalte... rien. On espérait encore, et puis on se relâchait, les bras ballants, et au bout d'un quart d'heure on était de nouveau par terre, accroupi dans l'herbe, discutant.

Le 12 au soir, les nazis viennois avaient prévu une retraite aux flambeaux pour accueillir Adolf Hitler. La cérémonie devait être émouvante et grandiose. On attendit jusqu'assez tard, personne ne vint. On ne comprenait pas ce qui se passait. Les hommes buvaient de la bière et chantaient, chantaient, mais bientôt on n'eut plus tellement envie de chanter, on était vaguement déçu. Alors, quand trois soldats allemands débarquèrent, arrivés par le train, il y eut un instant de liesse. Des soldats allemands ? Un miracle ! Ils furent les hôtes de toute la ville ; jamais on ne les aima autant que les Viennois cette nuit-là ! Vienne ! On leur offrit tous tes chocolats, toutes tes branches de sapin, toute l'eau du Danube, tous les vents des Carpates, ton Ring, ton château de Schönbrunn, son salon chinois, la chambre de Napoléon, le cadavre du roi de Rome, le sabre des Pyramides ! Tout ! Ce n'étaient pourtant que trois petits soldats chargés de s'occuper du cantonnement de l'armée. Mais on était si impatients d'être envahi qu'on les promena dans la ville en les portant en triomphe. Et ils ne comprirent pas bien, ces trois pauvres bougres, l'enthousiasme qu'ils suscitaient. Ils ignoraient qu'on pouvait les aimer autant. Ils eurent même un peu peur... L'amour est parfois effrayant. On commençait pourtant à s'interroger. Où était la machine de guerre allemande ? se demandait-on. Que faisaient les tanks ? Les automitrailleuses ? Et toutes ces bêtes fabuleuses qu'on nous avait promises ; où étaient-elles ? Il ne voulait donc plus de son Autriche natale le Führer ? Non, non, ce n'était pas ça, mais... une rumeur commençait à courir, on n'osait pas vraiment en parler à haute voix. Il fallait tout de même se méfier des nazis qui écoutaient tout... On racontait – on n'en était pas sûr, mais la situation confirmait tout de même les ragots – qu'après avoir, dans un élan inouï, franchi la frontière, la fabuleuse machine de guerre allemande avait lamentablement calé.

En fait, l'armée allemande avait eu le plus grand mal à passer la frontière. Cela s'était fait dans un désordre sans nom, avec une lenteur effarante. Et, à présent, elle stationnait près de Linz, à peine cent kilomètres plus loin. Pourtant, il faisait très beau paraît-il, ce 12 mars, il faisait même un temps de rêve.

Tout est si bien parti ! À neuf heures, on soulève la barrière des douaniers, et hop, on se trouve en Autriche ! Pas même besoin de violences ou de coups de tonnerre, non, ici, on est amoureux, on conquiert sans effort, doucement, avec le sourire. Les chars, les camions, l'artillerie lourde, tout le tra-lala, avancent lentement vers Vienne, pour la grande parade nuptiale. La mariée est consentante, ce n'est pas un viol, comme on l'a prétendu, c'est une noce. Les Autrichiens s'égosillent, font de leur mieux le salut nazi en signe de bienvenue ; ils s'y entraînent depuis cinq ans. Mais la route vers Linz est difficile, les véhicules crapotent, les moto-cyclettes toussent comme des rotobineuses. Ah ! ils auraient mieux fait d'aller jardiner les Allemands, de faire un petit tour d'Au-triche et puis de revenir à Berlin, bien sages, et de transformer tout ce matériel en trac-teurs, et de planter des choux dans le parc de Tiergarten. Car aux alentours de Linz, tout se gâte. Le ciel est pourtant immaculé, serein, l'un des plus beaux ciels possible.

L'horoscope du 12 mars fut merveilleux pour les Balance, les Cancer et les Scor-pion. Le ciel était en revanche néfaste au reste des hommes. Les démocraties euro-péennes opposèrent à l'invasion une résignation fascinée. Les Anglais, qui étaient au courant de son imminence, avaient averti Schuschnigg. C'est tout ce qu'ils firent. Les Français, eux, n'avaient pas de gouvernement, la crise ministérielle tombait à point.

À Vienne, ce matin du 12 mars, seul le rédacteur en chef du *Neues Wiener Tagblatt*, Emil Löbl, fera paraître un article rendant hommage au petit dictateur Schuschnigg – ce qui était un bien minuscule acte de résistance ; ce sera presque le seul. Dans la matinée, une clique déboulera au journal et on le forcera brutalement à quitter les lieux. Les SA surgissent dans les bureaux et tabassent les employés, les journalistes, les rédacteurs. Pourtant, ce ne sont pas des gauchistes, au *Neues Wiener*, ils n'ont pas soufflé mot lorsque le Parlement s'est dissous dans le néant, ils ont approuvé sagement le catholicisme autoritaire du nouveau régime, ils ont accepté les purges des rédactions sous Dollfuss ; et le départ des sociaux-démocrates, emprisonnés, interdits de travail, ne les a pas trop gênés. Mais l'héroïsme est une chose bizarre, relative, et en somme, ce matin-là, il est à la fois émouvant et inquiétant de voir Emil Löbl être le seul à se plaindre.

À Linz, il n'en fut pas autrement. On y avait procédé à d'horribles purges, et la ville était à présent tout à fait nazie. Partout, on chantait, haletant, avec à chaque minute l'espoir de voir arriver le Führer. On dirait que tout le monde est là, le soleil brille et la bière coule à flots. Puis la matinée passe, on somnole au coin d'un bar et, comme rien n'arrête le temps, il est soudain midi, le soleil est à son zénith sur Pöstlingberg. Les fontaines se taisent, les familles rentrent déjeuner, le Danube roule ses flots. Au Jardin botanique, la fabuleuse collection de cactus est pleine de cotillons, les araignées les prennent pour des mouches. À Vienne, au comptoir du Grand Café, on murmure que les Allemands ne sont pas encore arrivés à Wels, qu'ils ne seraient peut-être même pas à Meggenhofen ! Les mauvais esprits ricanent qu'ils se sont trompés de direction, qu'ils roulent vers Suse ou Damiette, qu'on les verra l'an prochain à Bobino ! Mais certains évoquent à voix basse une panne, une immense panne d'essence, un gros problème de ravitaillement.

Hitler a quitté Munich en automobile, le visage fouetté par un vent glacial. Sa Mercedes roule à travers les profondes forêts. Il avait prévu de passer d'abord à Braunau, sa ville natale, puis à Linz, la ville de sa jeunesse et enfin à Leonding où reposent ses parents. C'était en somme un joli voyage. Vers seize heures, Hitler avait franchi la frontière à Braunau ; il faisait un temps radieux mais très froid, son cortège était composé de vingt-quatre automobiles et d'une vingtaine de camionnettes. Tout le monde est là : la SS, la SA, la police, tous les corps d'armée. On communie avec la foule. On s'arrête un instant devant la maison natale du Führer, mais pas de temps à perdre ! On est déjà si en retard. Les fillettes tendent des bouquets, la foule agite ses petits drapeaux à croix gammées, tout va bien. En milieu d'après-midi le cortège a déjà traversé de nombreux villages, Hitler sourit, agite la main, l'exaltation est visible sur sa figure ; il fait le salut national-socialiste à tout bout de champ, à de vagues assemblées de paysans ou de jeunes filles. Mais le plus souvent, il se contente de ce geste étrange que Chaplin a si heureusement parodié, le bras plié dans un mouvement désinvolte, un peu féminin.

UN EMBOUTEILLAGE
DE PANZERS

LA *Blitzkrieg* est une simple formule, un mot que la publicité a collé sur le désastre. Le théoricien de cette stratégie agressive s'appelle Guderian. Dans son livre *Achtung – Panzer!* au titre sec et saisissant, Guderian développa sa théorie de la guerre éclair. Bien sûr, il a lu John Frederick Charles Fuller ; il a adoré son mauvais livre sur le yoga, il a parcouru fiévreusement ses prophéties délirantes, où il crut découvrir l'affreux mystère du monde ; mais ce sont surtout ses articles sur la mécanisation des armées qui lui ont foutu en l'air des nuits et des nuits de sommeil. Et ça l'a fait cogiter, Guderian, les bouquins de Fuller, ça lui a plu cette évocation passionnée d'une guerre héroïque et brutale. Car John Frederick Charles Fuller est passionné, si passionné qu'un peu plus tard il rejoindra Mosley, déplorant l'indolence des démocraties parlementaires et appelant de ses vœux un régime plus exaltant. C'est ainsi qu'il deviendra membre de la Nordic League, visant à la promotion du nazisme. Le petit concile se réunissait en secret, dans quelque chaumière bien anglaise, et passait de longues heures à parler des Juifs. Mais ses sympathisants n'étaient pas seulement des commerçants de Mayfair, oh non, il y avait aussi Lady Douglas-Hamilton, qui aimait les animaux tellement ; car on le sait, toutes les misères ont pour chef-lieu l'âme humaine. Il y avait le bon duc de Wellington, Arthur Wellesley, coqueluche des salons, ancien d'Eton, ayant bénéficié de toutes les facilités du monde, inexcusable donc, connaisseur de Properce et de Lucain, qui se baladait sans doute, au petit jour, sifflant du pipeau dans le parc de sa demeure, parmi les bergers de Théocrite, collectionneur d'œuvres d'art, peut-être pas des meilleures, mais tout de même. Et qui avait pourtant le crâne étroit, la lippe veule et le regard absent, si bien que s'il était né dans un faubourg de Londres, on n'en aurait sans doute jamais parlé.

"Achtung – Panzer !" Ce 12 mars 1938, les blindés ouvraient la parade ; à la tête du

XVIᵉ corps d'armée, Heinz Guderian allait enfin réaliser son rêve. Le premier blindé allemand avait été construit en 1918 à une vingtaine d'exemplaires ; c'était une lourde carcasse de ferraille, une boîte de deux cents chevaux, une grosse poussette très lente, d'un maniement fastidieux. L'un d'eux, à la fin de la Première Guerre, affronta en combat singulier un blindé anglais et fut irrémédiablement détruit. Si depuis ce premier baptême, le tank avait fait bien des progrès, il en restait beaucoup à faire. Ainsi, le Panzer IV, qui sera un temps la reine des batailles, n'en était encore, en ce jour de mars 1938, qu'à ses balbutiements. Produit par Krupp, ce petit char d'assaut était alors un char de combat très médiocre. D'un blindage trop léger, incapable de résister aux obus antichars, son canon ne lui permettait de s'attaquer qu'à des cibles molles. Le Panzer II était encore plus petit, une vraie boîte à sardines. Il était rapide, léger, mais incapable de trouer le blindage d'un char ennemi, tandis qu'il était lui-même vulnérable. Il fut obsolète dès sa sortie d'usine. Il devait d'ailleurs n'être au départ qu'un char d'entraînement, mais la production prit du retard ; la guerre arriva plus vite que prévu, et il fit bien du service actif. Quant au Panzer I, c'était presque une tankette, il n'y tenait que deux bonshommes, directement assis sur le métal, comme des professeurs de yoga. Il était trop fragile et son armement trop faible, mais il était en revanche bon marché, guère plus cher qu'un tracteur.

Le traité de Versailles avait interdit aux Allemands la fabrication de chars, les entreprises allemandes produisirent donc par l'intermédiaire de sociétés écrans, à l'étranger. On voit que l'ingénierie financière sert depuis toujours aux manœuvres les plus nocives. Ainsi, en cachette, l'Allemagne s'était constitué, à ce qu'on disait, une prodigieuse machine de guerre. Et c'était justement cette nouvelle armée, cette promesse enfin réalisée au grand jour, que tous les Autrichiens attendaient au bord de la route, ce 12 mars 1938. On devait donc être un peu inquiet, un peu fébrile sous le ciel radieux.

C'est alors qu'un minuscule grain de sable se glissa dans la formidable machine de guerre allemande. Il y eut d'abord une rangée entière de blindés sur le bas-côté. Hitler, dont la Mercedes dut s'écarter, les regarda avec mépris. Puis ce furent d'autres véhicules de l'artillerie lourde, immobiles au milieu de la route ; et on eut beau klaxonner, hurler que le Führer devait passer, rien à faire, les chars ramaient dans la colle. C'est sublime un moteur, un vrai miracle si l'on y pense. Un peu de carburant, une étincelle, et hop ! la pression augmente, repousse le piston, qui entraîne la rotation du vilebrequin et c'est parti ! Mais voilà, ce n'est simple que sur le papier, dès que ça tombe en panne, quelle mouscaille ! On n'y pige plus rien. Il faut foutre les mains dans un affreux cambouis, dévisser, revisser... Or, ce 12 mars 1938, malgré le grand soleil, il faisait un froid de gueux. Ça n'était donc pas drôle de sortir sa boîte à outils sur le bord de la route. Hitler est hors de lui, ce qui devait être un jour de gloire, une traversée vive et hypnotique, se transforme en encombrement. Au lieu de la vitesse, la congestion ; au lieu de la vitalité, l'asphyxie ; au lieu de l'élan, le bouchon.

Dans les petites villes d'Altheim, de Ried, un peu partout, les jeunes Autrichiens attendent, le visage violacé par le vent. Certains pleurent de froid. À cette époque, à la grande braderie des personnalités, les Françaises veulent Tino Rossi aux Galeries

Lafayette et les Américaines swinguer sur des tubes de Benny Goodman. Mais les Autrichiennes s'en foutent bien de Tino Rossi et de Benny Goodman ; elles ont demandé Adolf Hitler. Ainsi, régulièrement, à l'entrée des villages, on entend crier : *"Der Führer kommt !"* Et puis, comme rien ne vient, on se remet à discuter de choses et d'autres.

Car ce n'étaient pas seulement quelques tanks isolés qui venaient de tomber en panne, ce n'était pas juste un petit blindé par-ci par-là, non, c'était l'immense majorité de la grande armée allemande ; et la route était maintenant entièrement bloquée. Ah ! mais on dirait un film comique : un Führer ivre de colère, des mécanos courant sur la chaussée, des ordres hurlés à la hâte dans la langue râpeuse et fébrile du Troisième Reich. Et puis une armée, lorsqu'elle se rue sur vous, lorsqu'elle défile à trente-cinq à l'heure sous le grand soleil, ça en bouche un coin. Mais une armée en panne, ce n'est plus rien du tout. Une armée en panne, c'est le ridicule assuré. Le général se fait passer un de ces savons ! Hurlements, injures ; Hitler le tient pour responsable de ce fiasco. Il fallut dégager les véhicules lourds, tracter quelques tanks, pousser quelques automobiles, afin de laisser passer le Führer. Il arriva enfin à Linz à la nuit tombée.

Pendant ce temps-là, sous une lune glaciale, les troupes allemandes chargèrent à toute vitesse le plus de tanks qu'elles purent sur des plateformes de train. On fit sans doute venir des spécialistes depuis Munich, cheminots et grutiers. Et puis les trains emportèrent les blindés comme on convoie les équipements d'un cirque. C'est qu'on devait à tout prix être à Vienne pour les cérémonies officielles, le grand spectacle ! Ce dut être une scène bizarre, ces silhouettes sinistres, ces trains roulant de nuit, comme des corbillards, à travers l'Autriche, leur cargaison d'automitrailleuses et de blindés.

ÉCOUTES TÉLÉPHONIQUES

LE 13 mars, au lendemain de l'Anschluss, les services secrets britanniques surprirent une curieuse comédie téléphonique entre l'Angleterre et l'Allemagne – "Monsieur Ribbentrop", se plaignait Goering, en charge du Reich tandis qu'Hitler volait vers sa patrie, "cette affaire d'ultimatum, dont nous menacerions l'Autriche, est un abominable mensonge. Seyss-Inquart, porté au pouvoir par l'assentiment populaire, nous demande de l'aide. Si vous saviez la brutalité du régime de Schuschnigg !" Et Ribbentrop de répondre : "C'est incroyable ! Il faut que le monde entier sache." La conversation se poursuivit sur ce ton pendant une bonne demi-heure. Et il faut imaginer la tête de ceux qui notèrent ces phrases étranges, et qui durent avoir l'impression d'être soudain dans les coulisses du théâtre. Puis, le dialogue s'achève. Goering évoque le temps radieux. Le ciel bleu. Les oiseaux. Il est sur son balcon, dit-il, et il peut entendre à la radio l'enthousiasme des Autrichiens. "C'est merveilleux !" s'écrie Ribbentrop.

Sept ans plus tard, le 29 novembre 1945, on entendit à nouveau le même dialogue. C'étaient les mêmes mots, moins hésitants peut-être, plus écrits ; mais c'étaient exactement les mêmes paroles désinvoltes, le même sentiment de dérision. Cela se passe à Nuremberg, au tribunal international. L'accusateur des États-Unis, Sydney Alderman, afin d'étayer l'accusation de complot contre la paix, sort de son dossier une liasse de feuilles. Cette conversation entre Ribbentrop et Goering lui semble très éclairante ; on y entend une sorte de "double langage", dit-il, visant à induire en erreur les autres nations.

Alderman commença alors sa lecture. Il lit le petit dialogue comme on lit des répliques de théâtre. Si bien que lorsqu'il prononça le nom de Goering, nommant le premier personnage, le véritable Goering, dans le box des accusés, fit mine de se lever. Mais il comprit très vite qu'on ne l'appelait pas, on allait simplement jouer son rôle devant lui et relire ses tirades. D'une voix monocorde et pesante, Alderman lut la petite scène.

Goering. – Monsieur Ribbentrop, comme vous le savez, le Führer m'a confié la charge du Reich en son absence. Je voulais donc vous informer de l'immense joie qui submerge l'Autriche et que vous pouvez entendre à la radio.

Ribbentrop. – Oui, c'est fantastique, n'est-ce pas ?

Goering. – Seyss-Inquart craignait que le pays ne plonge dans la terreur ou la guerre civile. Il nous a demandé de venir immédiatement, et nous avons aussitôt marché à la frontière afin d'éviter le chaos.

Mais ce que Goering ignorait à ce moment-là, le 13 mars 1938, c'est que l'on mettrait un jour la main sur des échanges plus véridiques. Il avait demandé à ses propres services de noter ses conversations importantes ; il fallait que l'Histoire puisse un jour s'en emparer. Il écrirait peut-être dans sa vieillesse sa *Guerre des Gaules*, qui sait ? Et il pourrait s'appuyer sur les notes qui auraient été prises à la volée aux grands épisodes de sa carrière. Ce qu'il ignorait, c'est que ces notes, au lieu de terminer sur son bureau à l'âge de sa retraite, finiraient entre les mains d'un procureur, ici, à Nuremberg. On put alors entendre d'autres scènes, celles qui s'étaient jouées entre Berlin et Vienne, deux jours auparavant, dans la nuit du 11 mars, lorsqu'il croyait que personne ne l'écoutait, personne d'autre que Seyss-Inquart, ou Dombrowski, le conseiller d'ambassade qui servait d'intermédiaire, et bien sûr, celui qui notait pour la postérité leurs conversations prodigieuses. Il ne savait pas qu'en réalité tout le monde l'écoutait. Oh ! pas à la minute où il parlait, non, mais depuis le futur justement, depuis cette postérité qu'il guignait. C'est ainsi. Toutes les conversations que Goering a tenues ce soir-là sont en effet parfaitement archivées, disponibles. Les bombes les ont par miracle épargnées.

Goering. – Quand Seyss-Inquart pense-t-il former son cabinet ?

Dombrowski. – À 21 h 15.

Goering. – Ce cabinet doit être formé à 19 h 30.

Dombrowski. – … à 19 h 30.

Goering. – Keppler vous apportera les noms. Vous savez qui doit être ministre de la Justice ?

Dombrowski. – Oui, oui…

Goering. – Dites le nom…

Dombrowski. – Votre beau-frère, n'est-ce pas ?

Goering. – C'est bien cela.

Et d'heure en heure, Goering dicte son ordre du jour. Pas à pas. Et dans la brièveté des répliques, on entend le ton impérieux, le mépris. Le côté mafieux de cette affaire saute soudain aux yeux. À peine vingt minutes après la scène que nous venons de lire, Seyss-Inquart rappelle. Goering lui ordonne de retourner voir Miklas et de bien lui faire comprendre que s'il ne le nomme pas chancelier avant dix-neuf heures trente une invasion peut fondre sur l'Autriche. On est bien loin de la gentille conversation entre Goering et Ribbentrop à l'intention des espions anglais, bien loin des libérateurs de l'Autriche. Mais une chose encore doit retenir l'attention ; c'est l'expression qu'emploie Goering, cette menace de *fondre sur l'Autriche*. On lui colle aussitôt des images terrifiantes. Mais il faut rembobiner le fil pour bien comprendre, il faut oublier ce que l'on croit savoir, il faut oublier la guerre, il faut se défaire des actualités de l'époque, des montages de Goebbels, de toute sa propagande. Il faut se souvenir qu'à cet instant la *Blitzkrieg* n'est rien. Elle n'est qu'un embouteillage de panzers. Elle n'est qu'une gigantesque panne de moteur sur les nationales autrichiennes, elle n'est rien d'autre que la fureur des hommes, un mot venu plus tard comme un coup de poker. Et ce qui étonne dans cette guerre, c'est la réussite inouïe du culot, dont on doit retenir une chose : le monde cède au *bluff*. Même le monde le plus sérieux, le plus rigide, même le vieil ordre, s'il ne cède jamais à l'exigence de justice, s'il ne plie jamais devant le peuple qui s'insurge, plie devant le *bluff*.

À Nuremberg, Goering écouta la lecture d'Alderman le menton posé sur le poing. Par moments, il sourit. Les protagonistes de la scène sont réunis dans la même pièce. Ils ne sont plus à Berlin, à Vienne et à Londres, ils sont à quelques mètres les uns des autres : Ribbentrop et son déjeuner d'adieu, Seyss-Inquart et sa servilité de kapo, Goering et ses méthodes de gangster. Enfin, pour clore sa démonstration, Alderman revint au 13 mars. Il lut la fin du petit dialogue. Il la lut de ce ton monotone qui lui ôtait tout prestige et la ravalait à ce qu'elle était : une pure et simple crapulerie.

Goering. – Le temps est merveilleux ici. Le ciel bleu. Je suis assis sur mon balcon, sous des couvertures, à l'air frais. Je suis en train de boire le café. Les oiseaux gazouillent. Je peux entendre à la radio l'enthousiasme des Autrichiens.

Ribbentrop. – C'est merveilleux !

À cet instant, sous l'horloge, dans le box des accusés, le temps s'arrête ; il se passe quelque chose. Toute la salle se tourne vers eux. Comme Kessel, envoyé spécial de *France-Soir* au tribunal de Nuremberg, le raconte, en entendant ce mot "merveilleux !", Goering se mit à rire. Au souvenir de cette exclamation surjouée, sentant peut-être combien cette réplique de théâtre était aux antipodes de la grande Histoire, de sa décence, de l'idée que l'on se fait des grands événements, Goering regarda Ribbentrop et se mit à rire. Et Ribbentrop, à son tour, fut secoué d'un rire nerveux. Face au tribunal international, devant leurs juges, devant les journalistes du monde entier, ils ne purent se retenir de rire, au milieu des ruines.

LE MAGASIN DES ACCESSOIRES

L A VÉRITÉ est dispersée dans toute sorte de poussières. Ainsi, bien avant de se faire appeler Anders, *Autre*, l'intellectuel allemand Günther Stern, émigré aux États-Unis, pauvre, Juif, contraint de gagner une vie de petits boulots, devenu accessoiriste à plus de quarante ans, travaille à l'Hollywood Custom Palace, dont les galeries recèlent tout le passé vestimentaire de l'homme. C'est que l'Hollywood Custom Palace est un loueur de costumes, il loue au cinéma les habits de Cléopâtre ou de Danton, ceux des jongleurs du Moyen Âge ou des bourgeois de Calais. On trouve tout à l'Hollywood Palace, toute la défroque de l'humanité, néant sublime, miettes de gloire dispersées sur les rayonnages, simulacres de souvenirs. Ici, on tient en réserve les épées de bois, les couronnes de carton, les cloisons de papier. Tout est faux. Le charbon sur le col du mineur, l'usure aux genoux du mendiant, le sang au cou du condamné. L'Histoire est un spectacle. À l'Hollywood Palace, on croise tout ce qui a été : les vêtements des martyrs sont étendus et sèchent sur les mêmes fils que les toges des patrices. On ne distingue pas. Il paraît que les images, le cinéma, les photographies, ce n'est pas le monde – je n'en suis pas très sûr. Ainsi, les étages du bâtiment, où les époques s'amoncellent, laissent une impression d'absurde ou de folie. Comme si on était au cœur de la grandeur, mais coincés, rapetissés, que la poussière n'était que poudre, l'usure illusion, la saleté maquillage, et l'apparence la vérité des choses. Mais toute l'humanité, c'est décidément trop. Et l'Hollywood Palace empile trop de défroques, amasse trop de variantes, accumule trop d'époques. On y trouve le drapé romain du péplum, l'Égyptien de pacotille, le Babylonien de cirque, le Grec de contrebande ; mais aussi toutes les variantes du pagne et du paréo, le sari coloré des femmes du Gujarat, le riche *baluchari* du Bengale, le coton léger de Pondichéry ; on y déniche encore tous les sarongs malais, les vêtements à enfiler, ponchos, huques, *paenulae* ; les premiers costumes à manches, tuniques, blouses et chemises, le caftan, la peau de bête de la préhistoire et tous les ancêtres des pantalons. C'est une caverne merveilleuse, l'Hollywood Palace. Certes, le travail n'y est pas très reluisant, plier les vêtements du cadavre de Pancho Villa, ajuster la collerette de Marie Stuart, remettre le chapeau de Napoléon sur son étagère. Mais quel privilège tout de même : être un accessoiriste de l'Histoire.

Dans son journal, Günther Stern insiste : tous les vêtements sont là, même ceux qu'ont revêtus les singes de cirque ou les petits chiens de Deauville ; depuis la feuille de vigne d'Adam jusqu'aux bottes des SA, il y a tout. Mais, le plus surprenant, ce n'est pas qu'on trouve ici tous les costumes de la terre, c'est qu'on y trouve déjà les costumes des nazis. Et ironie de l'affaire, comme le note Günther Stern, c'est un Juif qui cire leurs bottes. Car il faut bien les entretenir toutes ces nippes ! Et comme n'importe quel employé de l'Hollywood Palace, Günther Stern doit cirer les bottes des nazis avec autant d'application qu'il brosse les cothurnes des gladiateurs ou les sandales des Chinois. Ici, le drame réel n'est pas de mise, il faut que les costumes soient prêts pour les tournages, pour la grande mise en scène du monde. Et ils seront prêts ; et ils sont plus vrais que nature, plus exacts que ceux qui traînent dans les musées ; répliques parfaites, auxquelles ne manquent pas un bouton, pas un fil, et qui, comme dans les rayonnages des boutiques, existent pour chaque gabarit. Mais ces vêtements ne doivent pas seulement être des répliques indiscutables, ils doivent aussi être élimés, troués, salis. Eh oui, le monde n'est pas un défilé de mode, et le cinéma doit faire illusion. Il faut donc entretenir de fausses déchirures, de fausses taches, de fausses rouilles. Il faut donner l'impression que le temps est déjà passé.

Ainsi, bien avant que la bataille de Stalingrad n'ait eu lieu, avant que le plan Barbarossa n'ait été tracé, avant qu'il n'ait été pensé, décidé ; avant la campagne de France, avant même que les Allemands aient nourri la moindre idée de l'entreprendre, la guerre est déjà là, sur les rayonnages du spectacle. La grande machine américaine semble s'être déjà emparée de son immense tumulte. Elle ne racontera la guerre que sous forme d'exploit. Elle en fera un revenu. Un thème. Une bonne affaire. Au bout du compte, ce ne sont ni les panzers, ni les stukas, ni les orgues de Staline qui refont les choses et les remodèlent et les froissent. Non. C'est là-bas, dans cette Californie industrieuse, entre quelques boulevards au carré, à l'angle d'un *donut* et d'une pompe à essence, que la densité de nos existences adopte le ton des certitudes collectives. C'est là-bas, dans les premiers supermarchés, devant les premiers téléviseurs, entre le grille-pain et la calculette que le monde se raconte à sa vraie cadence, celle qu'il va adopter en définitive.

Et tandis que le Führer en était à préparer son agression contre la France, alors que son État-major en était à resucer les vieilles formules de Schlieffen, et que ses mécaniciens en étaient encore à réparer leurs panzers, Hollywood avait déjà déposé leurs costumes sur les rayonnages du passé. Ils étaient pendus aux cintres des affaires classées, pliés et empilés au rayon des vieilleries. Oui, bien avant que la guerre ne commence, tandis que Lebrun, aveugle et sourd, rend ses décrets sur la loterie, tandis qu'Halifax joue les complices, et que le peuple effaré d'Autriche croit apercevoir son destin dans la silhouette d'un fou, les costumes des militaires nazis sont déjà remisés au magasin des accessoires.

LA MÉLODIE DU BONHEUR

L E 15 mars, devant le palais impérial, sur toute l'étendue de la place, jusque sur la grande statue équestre de Charles d'Autriche, la foule, la pauvre foule autrichienne, abusée, malmenée, mais finalement consentante, est venue acclamer. Si l'on soulève les haillons hideux de l'Histoire, on trouve cela : la hiérarchie contre l'égalité et l'ordre contre la liberté. Ainsi, égarée par une idée de nation mesquine et dangereuse, sans avenir, cette foule immense, frustrée par une précédente défaite, tend le bras en l'air. Là, depuis le balcon du palais de Sissi, d'une voix terriblement étrange, lyrique, inquiétante, terminant son discours en un cri rauque et déplaisant, Hitler. Il vocifère un allemand très proche de la langue inventée plus tard par Chaplin, faite d'imprécations, et où l'on ne distingue que quelques mots épars, "guerre", "Juifs", "monde". Ici, la foule hurle, elle est innombrable. Le Führer vient de déclarer l'Anschluss depuis le balcon. Les acclamations sont si unanimes, si puissantes, si jaillissantes, qu'on peut se demander si ce n'est pas toujours la même foule qu'on entend dans les actualités de cette époque, la même bande-son. Car ce sont des films que l'on regarde, ce sont des films d'information ou de propagande qui nous présentent cette histoire, ce sont eux qui ont fabriqué notre connaissance intime ; et tout ce que nous pensons est soumis à ce fond de toile homogène.

Nous ne pourrons jamais savoir. On ne sait plus qui parle. Les films de ce temps sont devenus nos souvenirs par un sortilège effarant. La guerre mondiale et son préambule sont emportés dans ce film infini où l'on ne distingue plus le vrai du faux. Et puisque le Reich a recruté plus de cinéastes, de monteurs, de cameramen, de preneurs de son, de machinistes que tout autre protagoniste de ce drame, on peut dire que, jusqu'à l'entrée en guerre des Russes et des Américains, les images que nous avons de la guerre sont pour l'éternité mises en scène par Joseph Goebbels. L'Histoire se déroule sous nos yeux, comme un film de Joseph Goebbels. C'est extraordinaire. Les actualités allemandes deviennent le modèle de la fiction. Ainsi, l'Anschluss semble une réussite prodigieuse. Mais les acclamations furent évidemment ajoutées aux images ; elles sont, comme on dit, postsynchronisées. Et il se peut bien qu'aucune des ovations insensées lors des apparitions du Führer n'ait été celle que nous entendons.

Je les ai revus, ces films. Certes, il ne faut pas s'y tromper, on a fait venir des militants nazis de l'Autriche entière, on a arrêté les opposants, les Juifs, c'est une foule triée, purgée ; mais ils sont bel et bien là, les Autrichiens, ce n'est pas seulement une foule de cinéma. Elles sont bel et bien là, ces jeunes filles aux tresses blondes, joyeuses, et ce petit couple qui hurle en souriant – ah tous ces sourires ! ces gestes ! Les banderoles qui frissonnent au passage du cortège ! Pas un coup de feu n'a été tiré. Quelle tristesse !

Pourtant, tout ne s'était pas passé comme on le prévoyait ; et "la meilleure armée du monde" venait de montrer qu'elle n'était encore rien d'autre qu'un assemblage de métal, une tôle creuse. Cependant, malgré son impréparation, malgré un matériel défectueux, bien qu'il y a peu encore, le zeppelin baptisé *Hindenburg* ait explosé avant son atterrissage dans le New Jersey et que trente-cinq passagers y aient trouvé la mort, bien que la plupart des généraux de la Luftwaffe ignorent encore beaucoup de l'aviation de chasse, bien qu'Hitler se soit arrogé le commandement militaire suprême sans aucune expérience de la chose, les actualités du temps donnent le sentiment d'une implacable machine. On y voit, dans des plans savamment cadrés, avancer les blindés allemands au milieu d'une foule en liesse. Qui pourrait imaginer qu'ils viennent de subir une gigantesque panne ? L'armée allemande semble marcher sur le chemin de la victoire, une victoire toute simple, pavée de fleurs et de sourires. Suétone raconte que Caligula, l'empereur romain, avait ainsi transporté ses légions dans le Nord, et qu'en un moment de flottement ou d'extase, il les avait rangées face à la mer et leur avait ordonné de ramasser des coquillages. Eh bien, à regarder les actualités françaises, on a l'impression que les soldats allemands ont passé leur journée à glaner des sourires.

*

Il semble parfois que ce qui nous arrive soit écrit sur un journal vieux de plusieurs mois ; c'est un mauvais rêve qu'on a déjà fait. Ainsi, à peine six mois plus tard, six mois après l'Anschluss, le 29 septembre 1938, on se retrouve à Munich, pour la célèbre conférence. Et comme si les appétits d'Hitler pouvaient s'arrêter là, on brade la Tchécoslovaquie. Les délégations française et anglaise se rendent en Allemagne. On est bien accueilli. Dans le grand hall, le lustre tinte, les pendeloques de cristal, comme ces carillons que le vent ballotte, jouent leur partition aérienne au-dessus des croquemitaines. Les équipes de Daladier et de Chamberlain tentent d'arracher à Hitler des concessions picrocholines.

On accable l'Histoire, on prétend qu'elle ferait prendre la pose aux protagonistes de nos tourments. On ne verrait jamais l'ourlet crasseux, la nappe jaunie, le talon de chéquier, la tache de café. Des événements, on ne nous montrerait que le bon profil. Pourtant, si l'on regarde bien, sur la photographie où l'on voit Chamberlain et Daladier, à Munich, juste avant la signature, aux

131

côtés d'Hitler et de Mussolini, les Premiers ministres anglais et français ne semblent pas très fiers. Mais tout de même, ils signent. Après avoir traversé les rues de Munich sous les acclamations d'une foule immense, les accueillant par des saluts nazis, ils signent. Et on les voit, l'un, Daladier, chapeau sur le crâne, un peu gêné, faisant de petits coucous, l'autre, Chamberlain, le *hat* à la main, avec un grand sourire. Cet inlassable artisan de la paix, comme le nomment les actualités du temps, grimpe sur le perron, pour l'éternité en noir et blanc, entre deux rangées de soldats nazis.

À cet instant, le commentateur, inspiré, nasille que les quatre chefs d'État, Daladier, Chamberlain, Mussolini et Hitler, animés d'une même volonté de paix posent pour la postérité. L'Histoire rend ces commentaires à leur dérisoire nullité et jette sur toutes les actualités à venir un discrédit navrant. Il paraît qu'à Munich serait né un immense espoir. Ceux qui disent cela ignorent le sens des mots. Ils parlent la langue du paradis où, dit-on, tous les mots se valent. Un peu plus tard, Édouard Daladier, à Radio Paris, seize cent quarante-huit mètres sur grandes ondes, après quelques notes de musique, raconte. Il a la certitude d'avoir sauvé la paix en Europe, c'est ce qu'il nous dit. Il n'en croit rien. "Ah ! les cons, s'ils savaient !" aurait-il murmuré à sa descente d'avion face à la foule qui l'acclame. Dans ce grand bric-à-brac de misère, où se préparent déjà les pires événements, un respect mystérieux pour le mensonge domine. Les manœuvres terrassent les faits ; et les déclarations de nos chefs d'État vont être bientôt emportées comme un toit de tôle par un orage de printemps.

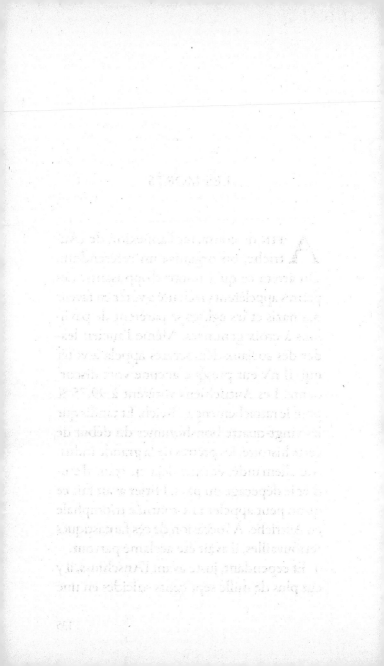

LES MORTS

AFIN de consacrer l'annexion de l'Autriche, on organisa un référendum. On arrêta ce qu'il restait d'opposants. Les prêtres appelèrent en chaire à voter en faveur des nazis et les églises se parèrent de pavillons à croix gammées. Même l'ancien leader des sociaux-démocrates appela à voter oui. Il n'y eut presque aucune voix discordante. Les Autrichiens votèrent à 99,75 % pour le rattachement au Reich. Et tandis que les vingt-quatre bonshommes du début de cette histoire, les prêtres de la grande industrie allemande, étaient déjà en train d'étudier le dépeçage du pays, Hitler avait fait ce qu'on peut appeler une tournée triomphale en Autriche. À l'occasion de ces fantastiques retrouvailles, il avait été acclamé partout.

Et cependant, juste avant l'Anschluss, il y eut plus de mille sept cents suicides en une seule semaine. Bientôt, annoncer un suicide dans la presse deviendra un acte de résistance. Quelques journalistes oseront encore écrire "décès subit" ; les représailles les feront vite taire. On cherchera d'autres formules usuelles, sans conséquence. Ainsi, le nombre de ceux qui mirent fin à leurs jours demeure inconnu et leurs noms ignorés. Au lendemain de l'annexion, on put encore lire dans la *Neue Freie Presse* quatre nécrologies : "Le 12 mars, au matin, Alma Biro, fonctionnaire, âgée de 40 ans, s'est entaillé les veines au rasoir, avant d'ouvrir le gaz. Au même moment, l'écrivain Karl Schlesinger, âgé de 49 ans, s'est tiré une balle dans la tempe. Une ménagère, Helene Kuhner, âgée de 69 ans, s'est suicidée elle aussi. Dans l'après-midi, Leopold Bien, fonctionnaire, âgé de 36 ans, s'est jeté par la fenêtre. On ignore les mobiles de son acte." Cette petite apostille banale remplit de honte. Car, le 13 mars, personne ne peut ignorer leurs mobiles. Personne. On ne doit d'ailleurs pas parler de mobiles mais d'une seule et même cause.

Alma, Karl, Leopold ou Helene ont peut-être aperçu, depuis leur fenêtre, ces Juifs que l'on traîne par les rues. Il leur a suffi d'entrevoir ceux auxquels on a rasé le crâne pour comprendre. Il leur a suffi d'entrevoir cet homme sur l'occiput duquel les passants avaient peint une croix de tau, celle des croisés et que portait encore, il y a une heure, le chancelier Schuschnigg au revers de sa veste. Il a même suffi qu'on le leur dise, qu'ils le devinent, le supputent, l'imaginent avant même que cela n'arrive. Il a suffi qu'ils regardent les gens sourire pour savoir.

Et peu importe que ce matin-là Helene ait vu ou non, parmi la foule hurlante, les Juifs accroupis, à quatre pattes, forcés de nettoyer les trottoirs sous le regard amusé des passants. Peu importe qu'elle ait ou non assisté à ces scènes ignobles où on leur fit brouter de l'herbe. Sa mort traduit seulement ce qu'elle ressentit, le grand malheur, la réalité hideuse, son dégoût pour un monde qu'elle vit se déployer dans sa nudité meurtrière. Car au fond, le crime était déjà là, dans les petits drapeaux, dans les sourires des jeunes filles, dans tout ce printemps perverti. Et jusque dans les rires, dans cette ferveur déchaînée, Helene Kuhner dut sentir la haine et la jouissance. Elle a dû entrevoir – en un raptus terrifiant –, derrière ces milliers de silhouettes, de visages, des millions de forçats. Et elle a deviné, derrière la liesse effrayante, la carrière de granit de Mauthausen. Alors, elle s'est vue mourir. Dans le sourire des jeunes filles de Vienne, le 12 mars 1938, au milieu des cris de la foule, dans l'odeur fraîche des myosotis, au cœur de cette allégresse bizarre, de toute cette ferveur, elle dut éprouver un noir chagrin.

Serpentins, cotillons, petits drapeaux. Que sont-elles devenues, ces jeunes filles folles d'enthousiasme, qu'est devenu leur sourire ? leur insouciance ? leur visage si sincère, si joyeux ! toute cette jubilation de mars 1938 ? Si l'une d'elles aujourd'hui se reconnaît soudain sur l'écran, à quoi pense-t-elle ? La vraie pensée est toujours secrète, depuis l'origine du monde. On pense par apocope, en apnée. Dessous, la vie s'écoule comme une sève, lente, souterraine. Mais à présent que les rides ont rongé sa bouche, irisé ses paupières, amuï sa voix – le regard errant à la surface des choses, entre le téléviseur qui crachote ses images d'archives et le yaourt, tandis que l'infirmière vaque autour d'elle sans plus savoir, très loin de la guerre mondiale, les générations se succédant comme se relaient les sentinelles dans la nuit noire –, comment séparer la jeunesse que l'on a vécue, l'odeur de fruit, cette montée de sève à couper le souffle, d'avec l'horreur ? Je ne sais pas. Et dans sa maison de retraite, parmi la fade odeur d'éther et de teinture d'iode, dans sa fragilité d'oiseau, est-ce que la vieille enfant fripée qui se reconnaît sur le petit film, dans le rectangle froid du téléviseur, elle qui est toujours vivante, après la guerre, les ruines, l'occupation américaine ou russe, ses sandales geignant sur le lino, ses mains tièdes couvertes de taches tombant lentement des accoudoirs de rotin quand l'infirmière ouvre la porte, est-ce qu'elle soupire parfois, tirant les souvenirs pénibles de leur formol ?

Alma Biro, Karl Schlesinger, Leopold Bien et Helene Kuhner n'ont pas vécu si longtemps. Avant de se jeter par la fenêtre, le 12 mars 1938, Leopold avait dû affronter plusieurs fois la vérité, puis la honte. N'était-il pas autrichien, lui aussi ? et n'avait-il pas dû, depuis des années, supporter les facéties grotesques du national-catholicisme ? Cet après-midi-là, quand deux nazis autrichiens sonnèrent à sa porte, le visage du jeune homme sembla soudain très vieux. Depuis quelque temps, il cherchait des mots nouveaux, détachés de l'autorité et de sa violence ; il n'en trouvait plus. Il errait des jours entiers par les rues, avec la peur de tomber sur un voisin malveillant, un ancien collègue qui détournerait le regard. La vie qu'il aimait n'existait plus. Il n'en restait rien : ni les scrupules du travail, où il trouvait un certain plaisir à bien faire, ni le frugal repas de midi, un casse-croûte sur les marches d'un vieil immeuble à regarder les passants. Tout avait été détruit. Alors, cet après-midi du 12 mars, lorsque la sonnerie retentit, ses pensées l'enveloppèrent de brume, il entendit un instant cette petite voix intérieure qui échappe toujours aux longues intoxications de l'âme ; il ouvrit la fenêtre et sauta.

Dans une lettre à Margarete Steffin, avec une ironie fiévreuse à laquelle le temps et les révélations d'après-guerre donnent quelque chose d'insoutenable, Walter Benjamin raconte que l'on coupa soudain le gaz aux Juifs de Vienne ; leur consommation entraînait des pertes pour la compagnie. C'est que les plus gros consommateurs étaient précisément ceux qui ne payaient pas leurs factures, ajoute-t-il. À cet instant, la lettre que Benjamin adresse à Margarete prend un tour étrange. On n'est pas sûr de bien comprendre. On hésite. Sa signification flotte entre les branches, sur le ciel pâle, et lorsqu'elle s'éclaire, formant soudain une petite flaque de sens au milieu de nulle part, elle devient l'une des plus folles et des plus tristes de tous les temps. Car si la compagnie autrichienne refusait à présent de fournir les Juifs, c'est qu'ils se suicidaient de préférence au gaz et laissaient impayées leurs factures. Je me suis demandé si cela était vrai – tant l'époque inventa d'horreurs, par un pragmatisme insensé – ou si c'était seulement une plaisanterie, une plaisanterie terrible, inventée à la lueur de funestes chandelles. Mais que cela soit une plaisanterie des plus amères ou une réalité, qu'importe ; lorsque l'humour incline à tant de noirceur, il dit la vérité.

Dans une telle adversité, les choses perdent leur nom. Elles s'éloignent de nous. Et l'on ne peut plus parler de suicide. Alma Biro ne s'est pas suicidée. Karl Schlesinger ne s'est pas suicidé. Leopold Bien ne s'est pas suicidé. Et Helene Kuhner, non plus. Aucun d'entre eux. Leur mort ne peut s'identifier au récit mystérieux de leurs propres malheurs. On ne peut même pas dire qu'ils aient choisi de mourir dignement. Non. Ce n'est pas un désespoir intime qui les a ravagés. Leur douleur est une chose collective. Et leur suicide est le crime d'un autre.

MAIS QUI SONT
TOUS CES GENS ?

U N MOT suffit parfois à congeler une
phrase, à nous plonger dans je ne sais
quelle rêverie ; le temps, lui, n'y est pas sensible. Il continue son pèlerinage, imperturbable au milieu du chaos. Ainsi, au
printemps 1944, Gustav Krupp, l'un des
prêtres de l'industrie que nous avons aperçu
au tout début de cette histoire verser son
obole aux nazis et soutenir le régime à sa
toute première heure, dînait en compagnie de
sa femme, Bertha, et de son fils aîné, Alfried,
l'héritier du *Konzern*. C'était leur dernier
moment à la villa Hügel, l'énorme palais
où ils avaient toujours vécu et où s'incar-
nait leur pouvoir. À présent, l'aventure tour-
nait mal. Les armées allemandes reculaient
de partout. Il fallait se résoudre à quitter le
domaine et se retirer dans les montagnes, loin
de la Ruhr, à Blühnbach, là où les bombes

ne les atteindraient pas, dans la paix froide et blanche.

Soudain, le vieux Gustav se leva. Il avait depuis longtemps sombré dans une imbécillité sans retour. Incontinent et gâteux, il gardait depuis des années le silence. Pourtant ce soir-là, au milieu du repas, il se dressa brusquement et, serrant sa serviette contre lui d'un geste plein d'effroi, il tendit un long doigt maigre vers le fond de la pièce, juste derrière son fils et marmonna : "Mais qui sont tous ces gens ?" Sa femme se retourna, son fils fit volte-face. Ils eurent très peur. Le coin était plongé dans l'ombre. On aurait dit que l'obscurité remuait, que des silhouettes rampaient lentement dans le noir. Mais ce n'étaient pas les fantômes de la villa Hügel qui le glaçaient d'effroi, non, ce n'étaient ni les lamies ni les larves, c'étaient de véritables hommes, avec de vrais visages qui le regardaient. Il vit d'énormes yeux, des figures sortaient des ténèbres. Des inconnus. Il eut une peur affreuse. Il resta pétrifié, debout. Les domestiques se figèrent. Les rideaux devinrent comme de glace. Et il eut l'impression de vraiment voir, de n'avoir jamais autant vu qu'à cette minute. Et ce qu'il vit, ce qui surgit lentement de l'ombre, c'étaient des dizaines de milliers de cadavres, les travailleurs forcés, ceux que la SS lui avait fournis pour ses usines. Ils sortaient du néant.

Pendant des années, il avait loué des déportés à Buchenwald, à Flossenbürg, à Ravensbrück, à Sachsenhausen, à Auschwitz et à bien d'autres camps. Leur espérance de vie était de quelques mois. Si le prisonnier échappait aux maladies infectieuses, il mourait littéralement de faim. Mais Krupp ne fut pas le seul à louer de tels services. Ses comparses de la réunion du 20 février en profitèrent eux aussi ; derrière les passions criminelles et les gesticulations politiques leurs intérêts trouvaient leur compte. La guerre avait été rentable. Bayer afferma de la main-d'œuvre à Mauthausen. BMW embauchait à Dachau, à Papenburg, à Sachsenhausen, à Natzweiler-Struthof et à Buchenwald. Daimler à Schirmeck. IG Farben recrutait à Dora-Mittelbau, à Gross-Rosen, à Sachsenhausen, à Buchenwald, à Ravensbrück, à Dachau, à Mauthausen, et exploitait une usine gigantesque dans le camp d'Auschwitz : l'IG Auschwitz, qui en toute impudence figure sous ce nom dans l'organigramme de la firme. Agfa recrutait à Dachau. Shell à Neuengamme. Schneider à

Buchenwald. Telefunken à Gross-Rosen et Siemens à Buchenwald, à Flossenbürg, à Neuengamme, à Ravensbrück, à Sachsenhausen, à Gross-Rosen et à Auschwitz. Tout le monde s'était jeté sur une main-d'œuvre si bon marché. Ce n'est donc pas Gustav qui hallucine ce soir-là, au milieu de son repas de famille, c'est Bertha et son fils qui ne veulent rien voir. Car ils sont bien là, dans l'ombre, tous ces morts.

Sur un arrivage de six cents déportés, en 1943, aux usines Krupp, il n'en restait un an plus tard que vingt. L'un des derniers actes officiels de Gustav, avant qu'il ne cède les rênes à son fils, fut la création du Berthawerk, une usine concentrationnaire au nom de sa femme, ce devait être une sorte d'hommage. On y vivait noir de crasse, infesté de poux, marchant cinq kilomètres hiver comme été dans de simples galoches pour aller du camp à l'usine et de l'usine au camp. On y était réveillé à quatre heures et demie, flanqué de gardes SS et de chiens dressés, on y était battu, torturé. Quant au repas du soir, il durait parfois deux heures ; non que l'on y prît le temps de manger, mais parce qu'il fallait attendre ; il n'y avait pas assez de bols pour servir la soupe.

Maintenant, revenons pour un bref instant au tout début de cette histoire et regardons-les de nouveau, tous autour de la table, les vingt-quatre. On dirait n'importe quelle réunion de chefs d'entreprise. Ce sont les mêmes costumes, les mêmes cravates sombres ou rayées, les mêmes pochettes de soie, les mêmes lunettes cerclées d'or, les mêmes crânes chauves, les mêmes visages raisonnables que de nos jours. Au fond, la mode n'a guère changé. D'ici quelque temps, à la place de l'Insigne d'or, certains porteront fièrement la croix fédérale du Mérite comme chez nous la Légion d'honneur. Les régimes les honorent de la même manière. Regardons-les attendre, le 20 février, posément, raisonnablement, tandis que le diable passe juste derrière eux, sur la pointe des pieds. Ils bavardent ; leur petit consistoire est tout à fait semblable à des centaines d'autres. Ne croyons pas que tout cela appartienne à un lointain passé. Ce ne sont pas des monstres antédiluviens, créatures piteusement disparues dans les années cinquante, sous la misère peinte par Rossellini, emportées dans les ruines de Berlin. Ces noms existent encore. Leurs fortunes sont immenses.

Leurs sociétés ont parfois fusionné et forment des conglomérats tout-puissants. Sur le site du groupe Thyssen-Krupp, l'un des leaders mondiaux de l'acier, dont le siège est toujours à Essen et dont les mots d'ordre sont à présent souplesse et transparence, on trouve une petite note sur les Krupp. Gustav n'a pas activement soutenu Hitler avant 1933, nous dit-on, mais une fois celui-ci nommé chancelier, il s'est montré loyal envers son pays. Il ne devint membre du parti nazi qu'en 1940, est-il précisé, pour son soixante-dixième anniversaire. Profondément attachés aux traditions sociales de la compagnie, Gustav et Bertha n'ont pas manqué, envers et contre tout, de maintenir vivante celle qui consiste à rendre visite à leurs employés les plus fidèles à l'occasion de leurs noces d'or. Et la biographie se termine sur une anecdote touchante : pendant de nombreuses années, Bertha, pleine de dévouement, prit soin de son mari invalide dans un petit bâtiment à côté de leur résidence de Blühnbach. Il n'est question ni des usines concentrationnaires, ni des travailleurs forcés, ni de rien.

Durant leur dernier dîner à la villa Hügel, une fois la peur passée, Gustav s'est rassis tranquillement à sa place *et les visages sont retournés dans l'ombre.* Ils en sortirent encore une fois, en 1958. Des Juifs de Brooklyn réclamèrent réparation. Gustav avait offert sans ciller des sommes astronomiques aux nazis dès la réunion du 20 février 1933, mais à présent son fils, Alfried, se montrait moins prodigue. Lui qui clamait que les occupants traitaient les Allemands "comme des nègres", n'en deviendra pas moins l'un des hommes les plus puissants du Marché commun, le roi du charbon et de l'acier, le pilier de la paix européenne. Avant de se résoudre à payer des réparations, il fit traîner la négociation deux longues années. Chaque séance avec les avocats du *Konzern* était ponctuée de remarques antisémites. On parvint toutefois à un accord. Krupp s'engagea à verser mille deux cent cinquante dollars à chaque rescapé ; ce qui était bien peu pour solde de tout compte. Mais le geste de Krupp fut salué unanimement par la presse. Cela lui fit même une remarquable publicité. Bientôt, à mesure que des rescapés se déclaraient, la somme allouée à chacun devint plus maigre. On passa à sept cent cinquante dollars, puis à cinq cents. Enfin, lorsque d'autres déportés se manifestèrent, le *Konzern* leur fit savoir

qu'il n'était malheureusement plus en mesure d'effectuer des paiements volontaires :
les Juifs avaient coûté trop cher.

*

On ne tombe jamais deux fois dans le même
abîme. Mais on tombe toujours de la même manière, dans un mélange de ridicule et d'effroi.
Et on voudrait tant ne plus tomber qu'on
s'arc-boute, on hurle. À coups de talon,
on nous brise les doigts, à coups de bec on
nous casse les dents, on nous ronge les yeux.
L'abîme est bordé de hautes demeures. Et
l'Histoire est là, déesse raisonnable, statue figée au milieu de la place des Fêtes,
avec pour tribut, une fois l'an, des gerbes
séchées de pivoines, et, en guise de pour-
boire, chaque jour, du pain pour les oiseaux.

TABLE

OUVRAGE RÉALISÉ
PAR L'ATELIER GRAPHIQUE ACTES SUD
ACHEVÉ D'IMPRIMER
EN JUILLET 2021
PAR NORMANDIE ROTO IMPRESSION S.A.S.
À LONRAI
POUR LE COMPTE DES ÉDITIONS
ACTES SUD
LE MÉJAN
PLACE NINA-BERBEROVA
13200 ARLES.

DÉPÔT LÉGAL
1re ÉDITION : AOÛT 2021